KB134450

일본인의 정신

이 도서의 국립중앙도서관 출판시도서목록(CIP)은 e-CIP홈페이지(http://www.nl.go.kr/ecip) 와 국가자료공동목록시스템(http://www.nl.go.kr/kolisnet)에서 이용하실 수 있습니다(CIP 제어번호: CIP2014004091).

한일대역 ― 일본을 읽는다

일본인의 정신

日本人のこころ

야마쿠세 요지 지음 | 박양순 옮김

한울

옮긴이의 글

한국과 일본은 한자 영향권에 속합니다. 이 때문에 중국에서 발전한 유불선(儒佛仙) 사상은 한자와 더불어 한국과 일본에 전해졌고, 그 이래로 오랫동안 정신적인 기둥으로 작용해왔습니다. 특히 충(忠), 효(孝) 사상은 한국인의 생활 속에 깊이 뿌리내리고 있으며 나아가 한(恨), 끈기, 인내 같은 한국 고유의 정신적 요소가 우리의 일상 속에서 면면히 살아 숨 쉬고 있습니다.

마찬가지로 일본인의 정신세계에도 유불선 사상과 일본 고유의 문화가 빚어낸 정신적 요소가 갖가지의 형태로 아로새겨져 일본인의 삶 속에 녹아 있습니다. 『일본인의 정신』은 이러한 일본인의 정신을 100가지 선택해서 각각 그 개념을 설명하고 이것이 일본인의 실제 생활에서 어떻게 나타나는지 알아봅니다. 그리고 이렇게 표출된 일본인의 행동을 바라보는 타 문화권의 오해와 평가를 서술합니다.

이 책이 일본인의 애매모호한 행동 때문에 곤혹스러웠던 경험이 있는 한국인은 물론, 일본인의 정신을 다룬 명확한 해설서를 기다린 독자에게 좋은 자료가 될 것으로 믿어 의심치 않습니다. 나아가 일본어를 가르치고 배우는 이를 비롯해 일반인에게도 좋은 교양서가 되리라 생각합니다.

박양순

まえがき

　日本の伝統的な価値観や思想といった「日本の心」を、欧米の人に
いかに伝えるかという試みは、今まで何度となく繰り返されてきま
した。

　古くは、新渡戸稲造の「武士道」や岡倉天心の「茶の心」にはじま
り、戦後になってからは数えきれない関連書籍が出版されました。

　そして、日本人の価値観についての著書としては、第二次世界大
戦末期から戦後にかけて執筆された、アメリカ人の著者、ルース・
ベネディクトの『菊と刀』がよく知られています。

　これらの書籍に共通して取り上げられた「恩」や「義理」といった日
本人の心の原点ともいえる価値は、一体どこからきて、今の日本で
はどのように捉えられているのでしょうか。本書はその壮大なテー
マに挑み、日本を代表する「日本人の心」を100選びまとめてみました。

　日本人が自らの発想法や価値観について語るとき、決してしては
ならないことは、自らを特別視することでしょう。全ての国や文化
には独特の価値観があり、日本人の価値観もその一つに過ぎませ
ん。しかも、中にはアジアにある他の価値観と微妙に関わり、日本
の土壌で育まれ、日本人の心に根付いたものもかなりあります。こ
うした日本の価値観を客観的に伝え、かつ日本人が海外の人とコ
ミュニケーションができないときの「言い訳」にしないように客

책머리에

일본의 전통적인 가치관, 사상 등 '일본의 정신'을 서양인에게 알리고자 하는 시도는 지금까지 몇 번이고 반복되어 왔습니다.

일찍이 니토베 이나조의 『무사도』, 오카쿠라 덴신의 『차의 정신』을 시작으로 제2차 세계대전 이후에는 수많은 관련 서적이 출판되었습니다.

그리고 일본인의 가치관을 다룬 저서로는 제2차 세계대전이 끝날 무렵부터 종전 이후에 걸쳐 집필된, 미국인 저자 루스 베네딕트의 『국화와 칼』이 유명합니다.

이들 서적이 공통적으로 다루고 있는 '은혜', '의리' 등 일본인의 정신의 원점이라 할 수 있는 가치는 도대체 어디에서 와서, 지금 일본에서는 어떻게 받아들여지고 있을까요? 이 책은 그 장대한 테마에 도전하여 일본을 대표하는 '일본인의 정신'을 100가지 선택해서 정리했습니다.

일본인이 일본인의 발상법과 가치관을 언급할 때 결코 해서는 안될 금기 사항은 자기 스스로를 특별히 여기는 일일 것입니다. 모든 나라와 문화에는 각기 독특한 가치관이 있고 일본인의 가치관도 그중 하나에 지나지 않습니다. 게다가 거기에는 아시아의 다른 가치관과 미묘하게 얽혀 일본이라는 토양에서 육성되어 일본인의 정신으로 뿌리내린 것도 상당수 있습니다. 이러한 일본의 가치관을 객관적

観的に説明することが大切です。

　本書では、日本人の心を構成するそれぞれの価値観の繋がりを、大切にしています。

　また、今となっては古くさえ思える価値観の中にも、実は現代人の心の奥にちゃんと残り、形を変えて影響を与えているものがあります。あるいは、その価値観によって行動するが故に、海外の人との誤解が生まれそうなものなど、様々な視点からそれらを見つめてみました。

　本書をご一読いただき、そして、自らの経験や体験を取り込んで、自分の言葉としていかに日本の心を伝えてゆくか、読者の方々に御一考いただければ幸いです。

山久瀬洋二

으로 전하면서 나아가 일본인과 외국인의 의사소통이 잘 이루어지지 않을 때 일본의 가치관이 '핑계거리'가 되지 않도록 객관적으로 설명하는 것이 중요합니다.

이 책에서는 일본인의 정신을 이루는 여러 가치관의 연관 관계를 중시했습니다.

또한 오늘날에는 낡은 가치관으로 간주되지만 사실은 현대인의 정신 속 깊숙이 여전히 남아 형태만 바뀌 영향을 주는 것도 있습니다. 혹은 그 가치관에 따라 행동하기 때문에 외국인에게 오해를 살 소지가 있는 것 등 갖가지 시점에서 그러한 것들을 살펴보았습니다.

이 책을 일독하고 자신의 경험과 체험을 도입하여 스스로의 어조로 얼마나 일본의 정신을 전달할 수 있는지 독자 여러분 각자 일고해 주길 바라마지 않습니다.

야마쿠세 요지

この本を読み解くにあたって

　「日本の心」を構成する価値観の基本の位置に、最初に紹介する「和」をおき、そこから様々な価値がどう関連してゆくかを考えれば、下図のようになります。

　どのような文化でも、その中にある価値が摩擦を起こすことなく共存でき、実践できたとき、人は安心感をもつものです。「和」こそは、日本人にとっての安心感で、それを抱くために、人は本書で紹介する様々な価値や行動規範、そして道徳を実践しようとするのです。そして、日本の場合、トータルな価値の和が整えられている人が「徳」のある人で、そうした人は、日本人の「美」意識も体得できるというわけです。

　この図を参照しながら、本文を読んでゆけば、それぞれの価値がどのように結びついているかが理解できる。

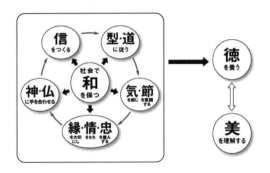

이 책을 읽기 전에

'일본의 정신'을 이루는 가치관을 나타낼 때 중심부에, 제일 먼저 소개하는 **조화**를 두고 거기에서 갖가지 가치가 어떻게 관련되어 나가는가를 살펴보면 아래와 같은 그림이 됩니다.

어떤 문화든 그 내부에 있는 가치가 마찰 없이 공존 가능하고 실천 가능할 때 사람들은 안심할 수 있는 법입니다. **조화**야말로 일본인에게는 안도감이며, 사람들은 그것을 가슴속에 지니고자 이 책에서 소개하는 여러 가지 가치와 행동 규범, 도덕을 실천하려 합니다. 그리고 일본에서는 가치의 종합체인 **조화**를 갖춘 사람이 덕이 있는 사람이고 그런 사람은 일본인의 미의식도 체득할 수 있습니다.

이 그림을 참고로 본문을 읽어나가면 여러 가치들이 어떻게 연관되어 있는가를 이해할 수 있을 것입니다.

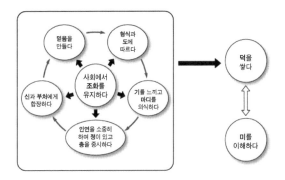

目次

차례

* 일러두기

한국어로 그 뜻을 옮기기에 어려운 항목이나, 항목을 소개하는 본문 중 일본어 그대로 읽어야 할 경우에는 일본어 독음([ ])으로 표시했다.

1

和

1
조화

▪ 和

「和」とは、「調和」という意味です。

「和」はまた日本を表す別の表現でもあります。たとえば日本食のことを、日本人は和食ともいいます。日本の伝統的な服は和服と呼びます。

「和」とは、人と人とがいかに心地よく、共に過ごし、働くかということを表す価値観です。

日本は伝統的に、限られた土地を皆で耕作して、生活をしてきた**農耕社会**によって成り立ってきました。この社会を成り立たせるためには、村人が自らのニーズよりも、村全体のニーズを考え、他の人々と行動を共にして稲を植え、収穫をしなければなりません。

したがって、日本には、個人の力量や行動を価値基準の中心におく狩猟社会や移民社会とは異なる、常に相手との絆を気遣い、**グループで行動する**ことをよしとする価値基準が育まれました。それが「和」という価値観なのです。

日本人にとって「和」は、日本人の心の中に培われた全ての価値観の要となる考え方なのです。

聖徳太子が著したとされる日本最初の17条憲法にも、「和をもって尊しとなす」とあるのは興味深いことです。

- 조화

[와]는 '조화'라는 의미입니다.

또한 [와]는 일본을 나타내는 다른 표현이기도 합니다. 이를테면 일본인은 일본식 음식을 [와쇼쿠]라고 합니다. 일본의 전통적인 옷은 [와후쿠]라고 부릅니다.

조화란 사람과 사람이 얼마나 즐겁게 같이 지내며 일하는가를 나타내는 가치관입니다.

일본은 전통적으로 제한된 토지를 함께 경작하며 생활하는 **농경 사회**를 꾸려왔습니다. 이러한 사회를 성립시키기 위해서는 마을 사람들이 자신의 요구보다 마을 전체의 요구를 생각해 다른 사람들과 행동을 함께하며 모를 심고 수확해야 합니다.

그러므로 일본에서는 개인의 역량이나 행동을 주된 가치 기준으로 삼는 수렵 사회나 이민 사회와는 달리 늘 상대와의 유대 관계를 염두에 두고 **단체로 행동하는 것**을 좋게 보는 가치 기준이 형성되었습니다. 그것이 조화라는 가치관입니다.

일본인에게 **조화**는 일본인의 정신 속에서 배양된 모든 가치관의 필수적인 사고방식입니다.

쇼토쿠 태자가 저술했다고 알려져 있는 일본 최초의 17조 헌법에도 '**조화**로써 사이좋게 지내는 것이 가장 중요하다'라고 되어 있는 것은 흥미로운 일입니다.

▪ 配慮

「配慮」とは、「**心を配る**」という考え方です。実際、同じ意味で「心配り」あるいは「気配り」という言葉があります。

「和」を保つには、相手がどのように感じ、行動したいかを考えて、その意思に対して自らも対応できるようにしなければなりません。たとえ、相手のしたいことが、自分とは異なっていても、**対立しないような**対応の仕方を考えなければならないのです。そうした考え方を「配慮」と呼びます。

たとえば、直接反対の意思を表示するのではなく、その人の前では曖昧に答えておいて、その後相手が信頼する人物を通して、間接的に自らの意図を伝え、相手との**摩擦**を少なくすることも「配慮」の一つです。

ただ、この日本人の行動は、日本では「和」を保つ妙薬かもしれませんが、日本人でない人からみると、なぜ自分に直接話してくれないのかという疑念を相手に与え、**不信感**をあおる原因になることもあるのです。

「和」の心の表し方としての「配慮」という価値観は、日本人にとってはとても大切です。その価値観を外国の人の思考方法に合わせた行動で示すためには、**相手の文化の中で**、そうした時にどのような行動をとるかということを、事前に知っておく必要があるのです。

▪ 배려

　배려란 '마음을 쓰다'라는 사고방식입니다. 실제로 같은 의미로 [고코로쿠바리] 또는 [기쿠바리]라는 말이 있습니다.

　조화를 유지하려면 상대가 어떻게 느끼고, 행동하고 싶어 하는가를 고려해 그 뜻에 따라 자신이 대응할 수 있도록 해야 합니다. 예를 들어 상대가 하고 싶어 하는 일이 자신이 하고 싶은 것과는 다르더라도 **대립하지 않도록** 대응하는 방법을 궁리해야 합니다. 그런 사고방식을 배려라고 합니다.

　이를테면 직접 반대 의사를 표시하는 것이 아니라 그 사람 앞에서는 모호하게 답해두고 나중에 상대가 신뢰하는 인물을 통하여 간접적으로 자신의 의도를 전해 상대와의 **마찰**을 줄이는 것도 배려의 하나입니다.

　다만 이러한 일본인의 행동이 일본에서는 **조화**를 지켜주는 묘약이라 하더라도 일본인이 아닌 사람이 보기에는 왜 자신에게 직접 말해주지 않을까 하는 의구심을 품게 만들고 **불신감**을 부추기는 원인이 될 수도 있습니다.

　조화의 정신을 표출하는 방법이라는 측면에서 **배려**라는 가치관은 일본인에게 매우 중요합니다. 그 가치관을 외국 사람의 사고방식에 맞춰 행동하려면 **상대편의 문화에서는** 그러한 때에 어떠한 행동을 취하는지 사전에 알아둘 필요가 있습니다.

▪ 謙譲と謙遜

　「和」をもって人とつき合うとき、お互いが自我を出しあって、自らの能力を強調し合ってばかりいると、物事がうまく進みません。日本人はこういうとき、むしろ**自らの能力を押さえ**、相手に敬意を払いながら、相手との関係を構築します。この自分を**へりくだり**、相手に対して敢えて自らの能力を表明しない考え方を「謙譲」といいます。

　相手も、「私は何もわかりませんが」といわれると、それを言葉通りには受け止めません。逆に日本では、能力のある人ほど、自分のことを低く表現することがよいこととされているために、このようにいう相手は、かえって尊敬されるのです。

　この「謙譲」の価値観を実際の言葉遣いで表すとき、人は「**謙遜する**」という表現を使います。この言葉こそは、日本人の極めて大切な行動原理となっているのです。

　「謙遜する」という行為は、時には家族や会社の同僚を紹介するときに使われます。自分の子供を紹介するとき、「**何もできない愚息ですが**」などといって紹介する習わしがそれにあたります。

　自らの能力を**率直に表現する**ことをよしとする文化背景からきた外国人には、この日本人の行動原理がわからず、戸惑いを覚えることがよくあるようです。

　「**実るほど頭（こうべ）を垂れる稲穂かな**」という日本人の好きな言葉があり

- 겸양과 겸손

　조화로써 사람과 교제할 때 서로 자아를 앞세워 자신의 능력을 강조하기만 한다면 일이 잘 진척되지 않습니다. 일본인은 이럴 때 오히려 **자신의 능력을 억누르고** 상대에게 경의를 표하면서 상대와의 관계를 구축합니다. 이처럼 자신을 **낮추고** 상대에게 굳이 자신의 능력을 드러내지 않는 사고방식을 겸양이라고 합니다.

　상대 역시 '저는 아무것도 모릅니다만'이라는 말을 들었다고 해도 그대로 받아들이지 않습니다. 오히려 일본에서는 능력이 있는 사람일수록 자신을 낮추어 표현하고 (사람들은) 이렇게 말하는 상대를 좋게 여겨 존경합니다.

　이 겸양의 가치관을 실제 말투에서 느끼게 될 때 사람은 '**겸손하다**'라는 표현을 사용합니다. 이러한 말이야말로 일본인의 극히 중요한 행동 원리가 됩니다.

　'겸손하다'라는 행동은 때로 가족이나 회사 동료를 소개할 때 쓰입니다. 자신의 아들을 소개할 때 '**아무것도 못하는 부족한 아이입니다만**' 등으로 소개하는 관습이 여기에 속합니다.

　자신의 능력을 **솔직하게 표현**하는 것을 좋게 여기는 문화 배경에서 온 외국인은 이러한 일본인의 행동 원리를 몰라 당황하는 일이 자주 있을 것입니다.

　일본인이 좋아하는 격언에 '**벼는 익을수록 고개를 숙인다**'라는 것이 있습니다. 또 '**능력 있는 매는 발톱을 숨긴다**'라는 말도 유명하니

ます。また、「**能ある鷹は爪を隠す**」という言葉も有名です。これは全て「謙遜」することの美学を伝える言葉なのです。

- ## 謙虚

「謙虚」とは、「謙譲」や「謙遜」の精神をもっている心の状態を示す言葉です。すなわち、知っていることを表に出さず、常に自分はまだ何も知らず、学ぶことがたくさんあるのだという姿勢で物事に向かう心を示しているのです。これは、決して相手に自分の能力を隠して油断させるというような考え方ではないのです。

逆に、学ぶ者がとらなければならない真摯な態度であり、「謙虚」であることを日本人は**美徳**としているのです。あの人は「謙虚な人」だといえば、それは褒め言葉なのです。

「謙虚」の「謙」は**へりくだる**という意味をもつ漢字で、相手に対して自らの位置を低くおき、相手に**敬意を払う**ことを意味する文字です。「虚」は中に何もない状態を意味します。すなわち、「謙虚」とは、心を「無」にして、相手に敬意をもって接する心がけを示しているのです。

これこそ、**和をもって**人と接するための最も大切な心がけなのです。

ですから、欧米の人には、日本人がへりくだった態度で接しているとき、それを誤解せずに、自分への敬意と捉えてもらえればいい

다. 이것은 모두 **겸손**의 미학을 전하는 말입니다.

- 겸허

겸허란 겸양이나 겸손의 정신을 지닌 마음 상태를 이르는 말입니다. 즉, 알고 있는 것을 겉으로 드러내지 않고 늘 자신은 아직 아무것도 모르며 배울 것이 많다는 자세로 임하는 마음을 나타냅니다. 이것은 결코 상대에게 자신의 능력을 감추고 방심하게 만들려는 사고방식이 아닙니다.

오히려 배우는 사람이 취해야 할 진지한 태도이며, 일본인은 **겸허**한 것을 **미덕**으로 삼습니다. 저 사람은 '겸허한 사람'이라고 말하면 그것은 칭찬입니다.

겸허의 '겸(謙)' 자는 자신을 **낮춘다**는 의미의 한자이며 상대에 대해 자신의 위치를 낮추고 상대에게 **경의를 표한다**는 뜻입니다. '허(虛)' 자는 속에 아무것도 없는 상태를 의미합니다. 즉, 겸허란 마음을 무로 만들고 상대에게 경의를 가지고 대하는 마음가짐을 나타냅니다.

이야말로 **조화로써** 사람을 대하는 가장 중요한 마음가짐입니다.

그러므로 서구 사람들은 일본인이 스스로를 낮춘 태도로 응대할 때 오해하지 않고 자신에 대한 경의로 받아들이면 아무 문제가 없을 듯합니다.

のですが。

- ## 遠慮

「和」を保つために最も考えなければならないことは、相手のこと
を**慮る**気持ちです。相手の状況を考えて、自らの行動を抑制し、相
手に**迷惑にならない**ようにすることを「遠慮」といいます。

遠慮の「遠」は遠くを、そして「慮」は思いめぐらすことを意味しま
す。つまり、つねに先に思いを巡らして、相手に対応する心がけが「遠
慮」なのです。躊躇という言葉がありますが、これは何かをすれば**状
況が悪くなる**のではと恐れて行動を抑制することを意味します。

それに対して「遠慮」は、むしろそうなる前に**しっかりと相手のこ
とを考えて**、相手のために行動を**差し控える**未来に向けた心構えな
のです。

相手に聞くまでもなく、自らが相手の気持ちを判断して、たとえ
ば「今この話をすると相手が不快だろうから、遠慮して別の機会に
しておこう」などと考えるのです。

言葉をもって明快に自らのニーズを伝え、それに対応することを
よしとする欧米の文化からしてみると、この「遠慮」という考え方を
理解することは困難です。躊躇がさらに未来の行動へと延長すると
思えばわかりやすいのかもしれませんが、国際舞台では、日本人は

- 삼가기

　조화를 유지하기 위해 무엇보다도 고려해야 할 것은 상대를 **헤아리는** 마음입니다. 상대의 상황을 생각하고 자신의 행동을 억제하며 상대에게 **폐가 되지 않도록** 하는 것을 삼가기라고 합니다.

　삼가기의 '원(遠)' 자는 멀리, '려(慮)' 자는 두루두루 생각한다는 의미입니다. 즉, 항상 미리 이것저것 생각해서 상대에게 대응하는 마음가짐이 삼가기입니다. '주저'라는 말이 있지만, 이것은 어떤 일을 하면 **상황이 나빠지는 것**은 아닐까 우려하여 행동을 억제하는 것을 의미합니다.

　그에 비해 삼가기는 그렇게 되기 전에 **충분히 상대의 입장을 생각하고** 상대를 위해 행동을 **삼가는** 미래 지향적인 마음가짐입니다.

　상대에게 물을 것까지도 없이 자신이 상대의 기분을 판단해, 예를 들면 '지금 이 이야기를 하면 상대가 불쾌해할 테니 피하고 다른 기회에 하자' 등으로 생각합니다.

　말로써 명쾌하게 자신의 요구를 전하고 그에 적절하게 대응하는 것을 좋게 여기는 서구 문화의 관점에서 보면 이 삼가기라는 사고방식은 이해하기 어렵습니다. '주저'가 좀 더 미래의 행동으로 연장된다고 생각하면 알기 쉽겠지만 국제 무대에서 일본인은 걸핏하면 **삼가기를** 보이므로 스스로의 의사를 전할 기회를 놓치고 마는 일도 있습니다.

　현재는 **삼가기**라는 말을 '금지하다'와 같은 뜻으로 쓰는 일도 꽤

ついつい「遠慮」をしすぎて、自らの意思を伝えるチャンスを失っているようでもありますね。

　現在では、「遠慮」という言葉をそのまま、「禁止する」と同じ意味に使うことも多々あります。「タバコはご遠慮ください」といえば、禁煙を丁寧に相手に伝えることになるのです。

▪ 場

　「遠慮」という考え方を理解するために必要なのがこの「場」という概念です。「場」とはいうまでもなく場所を意味します。そして、どういう場所でどのような行動をするかということを**暗に示した**のが「場」という概念なのです。

　この「場」という考え方は、欧米でもあるようです。たとえば、結婚式を例にとれば、正式に教会や神社で行う儀式と、その後で披露宴などのパーティでの人々の行動は自ずと違ってきます。儀式の間は**しきたり**に従い、パーティでは比較的自由に人々は交流します。すなわち、「場」が違えば、それぞれ「場」に合った行動が求められるのです。

　日本では日本人の価値観や行動様式に従って、外国人には見えない「場」がたくさんあります。お客さんとの正式な打合せの「場」での態度や、上司の前という「場」でのものの言い方、または**くだけたお**

많습니다. '담배는 삼가주십시오'라고 하면 상대에게 금연을 정중하게 전하는 표현이 됩니다.

- 자리

삼가기라는 사고방식을 이해하기 위해 필요한 것이 이 **자리**라는 개념입니다. **자리**는 말할 것도 없이 장소를 의미합니다. 그리고 어떤 자리에서 어떤 행동을 하는가를 **암묵적으로** 나타내는 것이 **자리**라는 개념입니다.

이 **자리**라는 사고방식은 서양에도 있는 듯합니다. 결혼식을 예로 들면 정식으로 교회나 신사에서 치르는 의식과 그다음의 피로연 등의 파티에서 사람들이 보이는 행동은 당연히 다릅니다. 사람들은 의식을 치르는 동안은 **관례**에 따르지만, 파티에서는 비교적 자유롭게 교류합니다. 즉, **자리**가 다르면 각각 **자리**에 맞는 행동이 요구되기 마련입니다.

일본에서는 일본인의 가치관과 행동 양식에 따라서 외국인에게는 보이지 않는 **자리**가 많습니다. 손님과 정식 모임인 **자리**에서 취하는 태도, 상사 앞이라는 **자리**에서 말하는 자세, 또 **스스럼없는** 술자리라는 **자리**에서의 발언 등, **자리**에 따라 사람의 행동이 조금씩 변하고 때로는 **자리**의 상황에 따라 행동을 조심하여 삼가는 경우도 있습니다.

酒の席という「場」での発言など、「場」によって人の行動が細かく変わり、時にはその「場」の状況によって、人は行動を差し控え「遠慮」することもあるのです。

「場をわきまえる」という言葉がありますが、「場」の状況をしっかりと理解して、その時に何をすべきかを的確に判断することが、**日本での礼儀作法**の第一歩といえます。

微妙な「場」の違いに気付かない外国人は、時には**不作法**をしてしまうかもしれません。

- 間

「間」は時間的、物理的な距離を意味する言葉です。特に二つのものの間を示す言葉としても使われます。

日本人は、伝統的に人と人との間での時間的、物理的な距離を強く意識する習慣がありました。それが「間」という概念となったのです。

たとえば、**封建時代**には、身分の高い人に近づくことはタブーでした。高貴な人と話をするときは、かなり距離をおき、低い位置から話をすることが**礼儀**でした。直接話をすることができず、その人に近い人物にメッセージを託して思いを伝えることも頻繁にありました。

「間」という概念をみると、そうした日本人の伝統的な考え方が現

'자리를 가리다'라는 말이 있듯이, **자리**의 상황을 잘 이해하고 그 순간 무엇을 해야 하는가를 적확하게 판단하는 것이 **일본 예의범절**의 첫걸음이라고 할 수 있습니다.

미묘한 **자리**의 차이를 알아차리지 못하는 외국인은 때로 **무례**를 범할 수 있습니다.

▪ 사이

사이는 시간적·물리적인 거리를 의미하는 말입니다. 특히 두 물건의 간격을 나타내는 말로도 쓰입니다.

일본인은 전통적으로 사람과 사람 사이의 시간적·물리적 거리를 강하게 의식하는 습관이 있었습니다. 그것이 **사이**라는 개념이 되었습니다.

예를 들어 **봉건시대**에는 신분이 높은 사람에게 가까이 가는 것은 금기시되었습니다. 고귀한 사람과 이야기를 할 때는 상당히 거리를 두고 낮은 위치에서 말하는 것이 **예의**였습니다. 직접 말하지 못하고 그 사람과 가까운 인물에게 전언을 청하여 뜻을 전하는 일도 빈번했습니다.

사이라는 개념을 보면 그러한 일본인의 전통적인 사고방식이 현재에도 영향을 주고 있음을 알 수 있습니다.

상대에게 무언가 심각한 일이나 중요한 일을 의뢰할 때 그 자리에

在にも影響を与えていることがよくわかります。

　相手に対して何か深刻な事柄や、大切な依頼などを伝えるとき、即座に直接その人に伝えるのではなく、**適当な時**を考えて、場合によっては間接的に**人を介して**話してもらうことは、日本の社会では今も普通に行われているのです。

　また、相手との**緊張関係を解く**ときも、その場で相手に話しかけずに、多少時間をおいてからゆっくりとその人に接してゆこうとします。このとき「**少し間をおいて**」と日本人はいうのです。

　実際、会話の場でも、日本人は会話と会話の間の沈黙が比較的長く、外国人がそれに耐えられず困ってしまうことも多いようです。

　日本人は、伝統的に長い沈黙に慣れていて、そこにも「間」という概念が働いているのかもしれません。

・ 中庸

　極端を嫌い、常にいろいろな考え方の**中間に自らをおいて**行動する知恵を、「中庸」といいます。

　バランスよくどちらの考え方にも耳を貸し、よいところをとりな

서 직접 당사자에게 전하는 것이 아니라 **적당한 때**를 봐서 하거나 경우에 따라서는 간접적으로 **사람을 개입시켜** 이야기하게 하는 일은 일본 사회에서는 지금도 예사로 행해집니다.

또한 상대와의 **긴장 관계를 풀고자** 할 때도 그 자리에서 바로 상대에게 말을 거는 대신에 다소 시간을 두고 천천히 그 사람과 접촉해나갑니다. 이럴 때 일본인은 '**조금 사이를 두고**'라고 말합니다.

실제로 일본인은 대화 자리에서 대화와 대화 사이의 침묵이 비교적 길어 외국인이 그 침묵을 견디지 못하고 애를 먹는 일이 많은 듯합니다.

일본인은 전통적으로 긴 침묵에 익숙해져 있는데, 거기에도 **사이**라는 개념이 작용하고 있을지 모릅니다.

- 중용

극단적인 것을 꺼려 늘 여러 가지 사고방식의 **중간 지점에 자신을 두고** 행동하는 지혜를 중용이라고 합니다.

균형 있게 양쪽 모두의 생각에 귀를 기울이고 좋은 쪽을 취하며 일을 진행하는 방법은 **조화**로써 사람과 교제하고 조직 등을 운영해

がら物事を進める方法は、「和」をもって人と付き合い、組織などを運営してゆくための知恵だと日本人の多くは思っています。

もちろん、この考え方には弱点もあります。強いリーダーシップを発揮しにくく、そうした個性そのものを否定する側面が、「中庸」という考え方にはあるからです。

日本で会社や組織のリーダーを「あの人は**調整型の人だ**」と評価することがあります。それは、人と人との関係を大切にし、地道に異なる意見を調整しながら組織をまとめてゆく人格を意味する表現です。そうした人格の人が重んじる価値観が、この「中庸」という価値観なのです。

物事を急いで決めず、じっくりとより多くの人の意見を参考にしながら進めてゆくこの方法は、今のグローバルな時代に適しているかどうかはわかりません。しかし、「中庸」のよいところは、リスクを最大限回避できることでしょう。

実は、西欧の倫理学の原点ともいえるアリストテレスも極端を悪として、「中庸」を尊ぶことを説いています。

現代社会では、「中庸」の考えを取り入れながらも、迅速に行動できる方法が必要なのかもしれません。それは、**いうまでもなく、**日々、人々とできるだけまめにコミュニケーションをとっておくことでしょう。

どんな価値にも強い側面と弱い側面があり、「中庸」もその価値の使い方によって、効果もあり、逆になることもあるはずです。その

나가기 위한 지혜라고 일본인의 대부분은 생각합니다.

물론 이 사고방식에는 약점도 있습니다. 강한 리더십을 발휘하기 힘들고 그러한 개성 자체를 부정하는 측면이 **중용**이라는 사고방식에 있기 때문입니다.

일본에서는 회사나 조직의 리더를 '저 사람은 **조정형 인간이다**'라고 평가하는 일이 있습니다. 그것은 사람과 사람과의 관계를 소중하게 여기고 착실히 다른 의견을 조정하면서 조직을 이끌어나가는 인격을 의미하는 표현입니다. 그러한 인격자가 중시하는 가치관이 이 **중용**이라는 가치관입니다.

일을 서둘러 정하지 않고 찬찬히 좀 더 많은 사람들의 의견을 참고해서 추진해나가는 이 방법이 지금의 글로벌 시대에 적합한지는 알 수 없습니다. 그러나 **중용**의 좋은 점은 불안 요인을 최대한 회피할 수 있다는 점일 것입니다.

현대사회에서는 **중용**의 사고를 받아들이며 동시에 신속하게 행동할 수 있는 방법이 필요할지 모릅니다. 그것은 **두말할 것도 없이** 매일 사람들과 최대한 성실하게 의사소통을 해두는 것이겠지요.

어떤 가치라도 강한 측면과 약한 측면이 있는데, **중용**도 그 가치의 사용 방법에 따라 효과도 있고 반대가 될 수도 있을 것입니다. 그 점을 알고 현명하게 **중용**의 발상을 실천하는 것이 필요할지 모르겠습니다.

ことを知って、うまく「中庸」の発想を実践することが、必要なのか
もしれません。

- ▪ 低頭

　「低頭」とは、頭を低く下げてお礼を言ったりお詫びをしたりする
ことを意味する言葉です。多くは、「**平身低頭**」という熟語として使
われ、その場合は、何も言い訳せず、しっかりと頭を下げてお詫び
することを意味します。

　日本人は、欧米の人と比較すると、すぐに人に謝ります。たと
え、自分に非がなくても「謙遜」し、さらにそのような状況を生み出
した原因は自分の対応にも**問題があった**はずだという姿勢で、トラ
ブルを回避するためにまず相手にお詫びするのです。

　これは、日本人が人と共存してゆくための知恵でもあったので
す。すなわち、謝ることで、まず相手との緊張を解き、その後で和
やかな雰囲気の中で今後のことを相談したり、何が起きたかを語り
合うために、まずは謝り合うのです。

　たとえ自分は悪くないと思った場合でも、日本ではその正当性を
一方的に強調することはタブーです。何かを指摘されたとき、お詫
びがなく、その原因や理由だけを説明すると、「いい訳ばかりして」
と捉えられてしまうことも多くあります。

- 저두

저두란 머리를 낮게 숙여 감사의 인사를 하거나 사죄를 하는 것을 의미하는 말입니다. 대개 '**평신저두**'라는 사자성어로 쓰이며, 그 경우는 아무 변명도 하지 않고 머리를 숙여 사죄한다는 뜻입니다.

일본인은 서구 사람과 비교하면 금방 남에게 사과합니다. 예를 들어 자신에게 잘못이 없더라도 **겸손하게**, 또 그런 상황을 만든 원인은 자신의 대응에도 분명 **문제가 있었을** 것이라는 자세로 충돌 상황을 회피하기 위해 우선 상대에게 사죄합니다.

이것은 일본인이 남과 공존해나가기 위한 지혜이기도 합니다. 즉, 사과함으로써 우선 상대와의 긴장을 풀고 그다음에 온화한 분위기 속에서 앞으로의 일을 의논하거나 무슨 일이 있었는지를 서로 이야기하기 위해서 일단 양쪽이 사과합니다.

이를테면 자신은 나쁘지 않다고 생각하는 경우라도 일본에서는 그 정당성을 **일방적으로 강조**하는 것은 금기시됩니다. 무언가를 지적 받았을 때 사죄 없이 그 원인이나 이유만 설명하면 '변명만 늘어놓고'라고 인식되는 일도 많습니다.

우선 **겸허하게 머리를 숙이고** 그 후에 **사이**를 두고 **자리**를 바꿔서 혹은 사람을 개입시켜 사실을 전하는 것이 일본인이 자주 쓰는 의사소통 방식입니다.

무엇보다도 사죄함으로써 상대의 마음이 **누그러지면** 거기서부터 인간관계를 구축할 수 있다고 일본인은 생각합니다.

まず「**謙虚**」**に頭を下げて**、その後で「間」をおいて、「場」を変えて、時には人を介して本当のことを伝えてゆくことが、日本人がよく行うコミュニケーションスタイルなのです。

何よりもお詫びをすることで、相手の気持ちが**収まり**、そこから人間関係を構築できるという風に日本人は考えるわけです。

そうした意味では、日本人にとって、「お詫び」は、人間同士がよい関係を構築するための最初の儀式でもあるのです。

▪ 根回し

人との「和」を保ち、賢く自らの意見を**公で発表**するために、日本人は適切な「場」を選び、「間」も考慮して慎重に人とその情報を**共有してゆきます**。こうした日本人の行動様式の典型が「根回し」という意思伝達方法なのです。

会議の「場」でいきなりプレゼンテーションを行うと、場合によっては上司や関係者と意見の対立を生むリスクがあります。それを避けるために、関係する人に事前にその情報を伝えたり、必要に応じて提案内容を調整することを「**根回し**」というのです。

「根回し」が首尾よく行われていれば、会議の「場」で紛糾することなく、案件が承認されるわけです。

「根回し」は**非公式**であるのみならず、時には夕食やゴルフなどの

그러한 의미에서 일본인에게 '사죄'는 인간 상호 간에 좋은 관계를 구축하기 위한 첫 번째 의식이기도 합니다.

▪ 사전 교섭

남과 **조화**를 유지하며, 현명하게 자신의 의견을 **여럿 앞에서 발표**하기 위해 일본인은 적절한 **자리**를 고르고 **사이**도 고려해 신중하게 남과 그 정보를 **공유해**나갑니다. 이러한 일본인의 행동 양식의 전형이 **사전 교섭**이라는 의사 전달 방법입니다.

회의 **자리**에서 느닷없이 프레젠테이션을 하면 경우에 따라서는 상사나 관계자와 의견 대립을 낳을 위험이 있습니다. 그것을 피하기 위해 관계자들에게 사전에 그 정보를 전하거나, 필요에 응해 제안 내용을 조정하는 것을 **사전 교섭**이라고 합니다.

사전 교섭이 순조롭게 이루어지면 회의 **자리**에서 분규 없이 안건은 자연스럽게 승인됩니다.

사전 교섭은 **비공식적**일 뿐 아니라, 때로는 저녁 식사나 골프 모임과 같은 직장에서 벗어난 개인적인 **자리**에서 이루어지는 일도 있습니다.

그리고 **사전 교섭**을 착실히 **되풀이함으로써** 남과 표면적으로 대립하지 않고 정보를 공유해 기획이나 아이디어에 관한 정보도 공유하는 것입니다.

会合といった職場から離れたプライベートな「場」で行われることもあります。

　そして、「根回し」をしっかりと**繰り返すことで**、人と公然と対立せずに、情報が共有され、企画やアイディアに関する情報が共有されるのです。

　そもそも、根回しとは、木を移植するときに、根を掘り起こし、それを傷つかないように丸く包んで移動させる方法のことです。

　すなわち、木を移植するときと同じように、関係者一人一人と話すことによって、人の輪をつくり、それを包み込んで公式の場に持ち込む方法が「根回し」なのです。

　「根回し」は今でも日本の組織のあちこちで実践されています。外国の人が「根回し」の外におかれないためには、日本人とより気軽に接触し、時には夜一緒にお酒を飲むなどして、日本人の輪の中に入ってゆくことが肝要です。

　これは、日本では公式な場だけではなく、個々人のレベルでの密なコミュニケーションがいかに大切かを物語る、**象徴的な概念**であるともいえそうです。

원래 [네마와시]란 나무를 옮겨 심을 때 뿌리를 파내어 그것을 상
처 내지 않도록 둥글게 감싸서 이동시키는 방법을 말합니다.

즉, 나무를 옮겨 심을 때와 마찬가지로 관계자 한 사람 한 사람과
이야기를 나눔으로써 사람의 테두리를 형성하고 그것을 감싸서 공
식적인 장소로 이야기를 옮겨 가는 방법이 **사전 교섭**입니다.

사전 교섭은 지금도 일본의 조직 여기저기서 이루어지고 있습니
다. 외국 사람이 **사전 교섭**의 바깥쪽에 놓이지 않기 위해서는 일본인
과 좀 더 편하게 접촉하고 경우에 따라서는 밤에 함께 술이라도 마시
며 일본인의 테두리 안쪽으로 들어가는 것이 중요합니다.

이것은 일본에서는 공식적인 자리만이 아니라 개개인 수준에서
이루어지는 친밀한 의사소통이 얼마나 소중한가를 말해주는 **상징
적인 개념**이라고 할 수 있습니다.

2

型

2

형식

▪ 型

「和」という価値観で、農耕社会を基軸とする日本社会でのコミュニケーションの方法について説明しました。そして、自分の考えや能力を強く主張することなく社会を運営してゆくために、日本人が発展させてきた価値観が、ここに紹介する「型」という考え方です。

古代から、農業での豊作を神に感謝し、人と人との**絆を強くするために**、人々は様々な儀式をつくってゆきました。その後、身分や階級制度が社会に浸透する中で、さらに人と人との上下関係を具体的に表すための作法やマナーが生み出されます。

儀式や作法は、全ての人がその様式に従うために、それぞれの「場」での行動様式、すなわち「型」が生み出され、次第に社会の多くの場面で、様々な「型」が尊重されるようになったのです。

今では、「型」は日本人の生活様式、行動のいたるところにみることができます。ビジネスでの名刺交換、相撲での**取組前の儀式**、そしてごく日常でいうならば、お酒の席での杯の受け方やつぎ方など。

また、武道や伝統の専門領域のことを習得するためには、まずそこで培われた**「型」を学ぶ**ことが要求されます。「型」をマスターしてこそ、人々は次のステップに進むことができるのです。「型」を習得するという価値観は、日本人が物事を進めるにあたって、どのように対処すべきかという方程式をまず理解しようという意識を植え付けます。まず、行動し、**試行錯誤**をしながら進めるのではなく、「い

- 형식

조화라는 가치관에서, 농경 사회를 기축으로 하는 일본 사회의 의사소통 방법에 대해 설명했습니다. 그리고 자신의 생각과 능력을 강하게 주장하지 않으면서 사회를 운영해나가기 위해 일본인이 발전시켜 온 가치관이 여기에서 소개하는 **형식**이라는 사고방식입니다.

고대부터 농업 풍작을 신에게 감사하고 사람과 사람과의 **결속 관계를 강화하기 위해** 사람들은 여러 가지 의식을 만들어왔습니다. 그 후에 신분과 계급제도가 사회에 침투하면서 한층 더 사람과 사람과의 상하 관계를 구체적으로 표시하기 위한 예법과 매너가 만들어집니다.

의식과 예법은 모든 사람이 그 양식에 따라야 하므로 각종 **자리**에서 취해야 할 행동 양식, 즉 **형식**이 생겨나고 점차 사회의 여러 장면에서 각종 **형식**이 존중 받게 되었습니다.

오늘날에 **형식**은 일본인의 생활양식과 행동의 도처에서 볼 수 있습니다. 비즈니스상의 명함 교환, 일본 씨름에서 **맞붙기 전의 의식**, 그리고 극히 일상생활 속에서, 말하자면 술자리에서 잔을 받는 법과 따르는 법 등.

또 무도나 전통의 전문 영역을 습득하기 위해서는 우선 그곳에서 배양된 **형식을 배우도록** 요구합니다. 사람들은 형식에 숙달되고 나서야 다음 단계로 넘어갈 수 있습니다. **형식**을 습득하는 가치관은 일본인이 일을 해나갈 때 어떻게 대처해야 하는지에 대한 방정식을

かにhow」の答えを見つけてから進もうとする考え方を日本人は好むのです。

　「型」は、日本人の行動様式、ビジネスの進め方を知る上でも大切な価値観なのです。

- ### 作法

　「作法」とは、昔から定まった伝統的な行動様式を指す言葉です。封建時代は、身分制度がありました。身分の高い人に対してどのように振る舞うかは、最も知っておかなければならない行動様式です。

　「作法」は、まさに「型」にのっとっています。

　ちょうど、欧米の人が握手をする習慣があるように、日本では人と対面し、交流するときに日本ならでは習慣に従って行動します。そして、日本には封建時代以来受け継いできた様々な習慣が、現代社会の人間関係にも投影されているのです。

　たとえば、茶道において、どこに客人を案内し、どのようにしてお湯を沸かし、お茶を点て振る舞うか、全て**定められた方式があり**ます。

　また、ビジネスの世界では、ものを売る側が買う側に対して、敬語を使い、より深くお辞儀をするなど、様々な敬意を表すための作法があります。また、会社では上司と部下との間で、部下が上司に

먼저 이해하려는 의식을 심어줍니다. 일본인은 우선 행동하고 **시행착오**를 거듭하면서 해나가는 것이 아니라 '어떻게'에 대한 답을 알고 나아가고자 하는 사고방식을 좋아합니다.

형식은 일본인의 행동 양식, 비즈니스의 전개 방법을 아는 데도 중요한 가치관입니다.

- 예법

예법이란, 옛날부터 정해진 전통적인 행동 양식을 가리키는 말입니다. 봉건시대에는 신분제도가 있었습니다. 신분이 높은 사람을 대할 때 어떻게 행동해야 하는가는 당연히 알아두어야 할 행동 양식입니다.

예법에는 당연히 형식이 따릅니다.

서구 사람들에게 악수하는 습관이 있듯이 일본에서는 사람과 대면해서 교류할 때 일본 특유의 습관에 따라 행동합니다. 그리고 일본에는 봉건시대 이래 이어온 여러 가지 습관이 현대사회 인간관계에도 투영됩니다.

예를 들어 다도에서 손님을 어디로 안내하며 어떻게 물을 끓이고 차를 끓여 대접하는지 **모두 정해진 방식이 있습니다.**

또한 비즈니스 세계에서는 물건을 파는 쪽이 사는 쪽에 대해 경어를 쓰고 더 정중하게 인사하는 등 제각기 경의를 표하는 예법이 있습

対してどのように行動するかという作法があります。

　多くの日本人は、自分が目に見えない作法に従って、行動様式を変化させていることすら、それがあまりにも**当たり前すぎて**、気づかないかもしれません。しかし、海外から来た人が日本人をよく観察すると、不思議に思える行動を発見します。なぜ、ここで何度もお辞儀をしているのか。どうしてこの人は**背筋を伸ばして**固まったようにして座っているのかなど。場所や状況に応じて、日本人はそうした作法に従っているのです。

- 行儀

　「行儀」をそのまま翻訳すると、マナーという英語につながります。

　その意味の通り、「行儀」とは公の「場」で人と接するときのエチケットやマナーのことで、どこの国でも親がまず子供に教えなければならない常識です。

　そして、マナーよく振る舞うためには、どこの国でも日本の「型」に似た行動様式があるはずです。

　日本での行儀を「型」という価値観からみた場合、常に学ぶ者の教える者に対する敬意の払い方が、**細かく**組み込まれていることが分かります。

　姿勢を正して、きちっと座り、教えてもらう間は言葉を挟まず

니다. 또 회사에서는 상사와 부하 간에 부하가 상사에게 어떻게 행동해야 하는지에 관한 예법이 있습니다.

대부분의 일본인은 스스로가 눈에 보이지 않는 예법에 따라 행동양식을 바꾸는 것을 너무나도 **당연한 일**로 여겨 알아차리지 못할 수 있습니다. 그러나 해외에서 온 사람이 일본인을 잘 관찰해보면 특이하게 느껴지는 행동을 발견하게 됩니다. 왜 여기서 몇 번이고 머리 숙여 인사를 할까. 어째서 이 사람은 **등을 꼿꼿이 세우고** 딱딱하게 앉아 있을까 등. 장소나 상황에 따라서 일본인은 그러한 예법에 따르고 있는 것입니다.

▪ 예의

예의를 그대로 번역하면 매너라는 영어와 연결됩니다.

그 의미 그대로 예의란 공적인 자리에서 사람과 접할 때의 에티켓, 매너이며 어느 나라에서든 부모가 제일 먼저 아이에게 가르쳐야 할 상식입니다.

그리고 매너 있게 행동하기 위해서는 어떤 나라든 일본의 형식과 비슷한 행동 양식이 당연히 존재합니다.

일본의 예의를 형식이라는 가치관에서 봤을 경우, 늘 배우는 자가 가르치는 자에게 경의를 표하는 방법이 **자세하게** 짜여 있음을 알 수 있습니다.

黙って学び、質問があれば後で尋ね、教える者にチャレンジするような態度はとらず、常に謙虚な姿勢で接することが要求されます。

　日本に中国から伝わった言葉で、「**青は藍より出でて藍より青し**」という言葉があります。元々藍からつくられた青色は、藍よりも深くて美しい青になっているという意味で、しっかりと修行をして、師よりも深い技量を身につけることの美徳を語った言葉です。

　たとえ習う者が、師を越えたとしても、日本人は一生師に感謝し、師に対して**最高の敬意**を払いつづけるのが、正しい行儀なのです。

- ## 修練

　「型」を学ぶときは、**何度も同じことを繰り返しながら**、柔道での体の動きや**習字での筆の使い方**、あるいは踊るときの振る舞い方などを習得します。もちろん、「型」にはそれぞれ合理的な理由があったはずです。しかし、それがいかに合理的であるかを理解するためには、ただ黙々と「型」によって表現されるパターンを覚えてゆく必要があります。

　教える者は、得てして理由を伝えることなく、教える者が**納得するまで**、学習者に「型」を教え込みます。日本には伝統的にフィードバックという文化がなく、学ぶ者は教える者を信じ、その指示に問いかけることなく従ってゆきました。

자세를 바로 하고 단정하게 앉아 배우는 동안은 도중에 끼어들지 말고 조용히 공부하며 질문이 있으면 나중에 묻고 가르치는 자에게 도전적인 태도를 취하지 않으며 늘 겸허한 자세가 요구됩니다.

중국에서 일본에 전해진 말로 '**청출어람**'이라는 사자성어가 있습니다. 원래 쪽에서 뽑아낸 푸른색에서 쪽보다 깊고 아름다운 푸른빛이 난다는 뜻으로, 열심히 수행해 스승보다 뛰어난 기량을 몸에 익히는 일이 미덕임을 들려주는 말입니다.

설령 제자가 스승을 능가한다고 해도 일본인은 일생 동안 스승에게 감사하고 스승에 대해 끊임없이 **최고의 경의**를 다하는 것이 바른 예의를 갖고 있는 것입니다.

▪ 수련

형식을 배울 때는 **수차례** 같은 동작을 반복하며, 유도에서의 몸동작이나 **붓글씨에서 붓놀림**, 또 춤출 때의 몸짓 등을 습득합니다. 물론 형식에는 각각 합리적인 이유가 분명 있을 것입니다. 그러나 그것이 얼마나 합리적인지 이해하기 위해서는 그저 묵묵히 형식이라는 형태로 표현된 유형을 외울 필요가 있습니다.

가르치는 자는 흔히 이유도 알려주지 않고 가르치는 자 본인이 **수긍이 갈** 때까지 학습자에게 형식을 주입시킵니다. 일본에서는 전통적으로 피드백이라는 문화가 없으므로 배우는 자는 가르치는 자

「型」の習得には時には何年もの**修業**期間が必要です。そしてしっかりと「型」を学んだ後に、はじめて学習者はその合理性に気付き、そこからさらに技量を発展させてゆくのです。

この「型」を学ぶ厳しい過程を「修練」といいます。そして、「修練」というものの考え方は、ビジネスのノウハウを習得してゆく上での、上司と部下の関係にもみてとることができるのです。フィードバックがなく、ただ厳しく指導する上司は、最近でこそ少なくなりました。とはいえ、今なお、欧米人が日本人を上司にもったとき、フィードバックの少なさに**戸惑う**ことがよくあります。

確かに、このフィードバックの少ない日本流の指導方法は、欧米のマネージメントとは根本的に異なっているようです。

- ## 技

日本人が「修練」を重ねて、様々な技術を身につけ、自他共に人に教えることができるほどにそれを習得したとき、人々はその人が「技」を習得したといって敬意を表します。

「技」を習得した人は、それでも常に「謙遜」しながら、さらに習得した「技」に**磨きをかけ**ます。「磨く」という日本語は、武士がその昔、常に手入れするために刀を磨いていたことからくる表現です。

そして、「技を磨く」ことによって、単にその技術を高めるだけで

를 믿고 그 지시에 반론하는 일 없이 따릅니다.

형식을 습득하는 데는 때로 수년간의 **수행** 기간이 필요합니다. 그리고 완전히 **형식**을 배우고 나서야 비로소 학습자는 그 합리성을 깨닫고 거기에서 한층 더 기량을 발전시켜 나갑니다.

이 **형식**을 익히는 엄격한 과정을 **수련**이라고 합니다. 그리고 **수련**의 사고방식은 비즈니스 노하우를 전수하는 상사와 부하 관계에서도 엿볼 수 있습니다. 피드백 없이 무조건 엄격하게 지도하는 상사는 최근에 줄어들었습니다. 그렇지만 지금도 일본인 상사를 둔 서구인은 피드백이 너무 적어서 **어리둥절해하는** 일이 자주 있습니다.

분명 이 피드백이 적은 일본식의 지도 방법은 서양의 대인 관리 능력과는 근본적으로 다를 것입니다.

- 기술

일본인이 **수련**을 거듭해 갖가지 기술을 몸에 익혀 자타 모두가 그 사람이 남에게 가르칠 수 있을 정도라고 여길 만큼 그것을 습득했을 때 사람들은 그가 **기술**을 지녔다고 경의를 표합니다.

기술을 갖춘 사람은 그래도 늘 **겸손**하고 계속해서 이미 습득한 **기술**을 **연마**합니다. [미가쿠라는 일본어는 무사가 그 옛날 손질을 위해 늘 칼을 문질러 닦았던 데서 온 표현입니다.

그리고 '기술을 연마하는' 과정을 통해 단순히 그 기술을 향상시

はなく、技術の習得を通じて、その人自身の精神性を向上させることが期待されるのです。したがって、「技」を教える人は、学ぶ人に敢えて厳しい**質問や課題をだし**、それに耐えてゆける人格を育てようとするのです。教える人が学ぶ人の人生に口を差し挟み、あたかも親のように指導を行う中で、技を習得することにふさわしい人格形成を期待してゆくわけです。

　現在でも、会社の上司が部下の人生に**いろいろと世話をやき**、時には業務とは直接関係のない事柄でも指導しようとすることがあります。これも、「技」を習得するために、教える者が学ぶ者とどう接するかという伝統的な考え方からきているのです。

　「技」と英語でいう「スキル」との違いは、まさにそこにあるのかもしれません。「スキル」は、目的を達成させ結果を出すために必要な技術を指します。「技」に対して、より狭く、合理的な考え方が「スキル」であるといえそうです。

匠
たくみ

　最近、日本では伝統的な「技」をもって工芸や手仕事に携わる人が見直されてきています。こうした人々のことを「匠」と呼びます。

　「匠」は、長い年月をかけて「型」を習得し、そこからさらに「技」を磨いて、技能を極めた職人のことを意味しています。

키는 것뿐만 아니라 기술의 습득을 통해서 그 사람의 정신력 고양까지도 기대합니다. 따라서 **기술을 가르치는 자**는 배우는 자에게 일부러 힘든 **질문이나 과제를 내고** 그것을 견뎌내는 인격을 키워주고자 합니다. 가르치는 자가 배우는 자의 인생에 참견해 마치 부모처럼 지도하는 과정에서 기술을 습득하는 데 어울리는 인격 형성을 기대하는 것입니다.

지금도 회사의 상사가 부하의 인생에 관해 **여러모로 뒤를 돌봐주고** 때로는 업무와는 직접 관계 없는 일까지 가르치려 할 때가 있습니다. 이것도 기술을 습득하기 위해 가르치는 자가 배우는 자와 어떻게 접촉할 것인가 하는 전통적인 사고방식에서 온 것입니다.

기술과 영어에서 말하는 '스킬(skill)'의 차이는 바로 거기에 있을지 모릅니다. '스킬'은 목적을 달성시켜 결과를 낳게 하는 데 필요한 기술을 말합니다. 기술에 비해 좀 더 좁고 합리적인 사고방식이 '스킬'이라고 할 수 있을 것입니다.

▪ 장인

최근 일본에서는 전통적인 기술을 가지고 공예나 수작업에 종사하는 사람이 재평가 받고 있습니다. 이러한 사람들을 **장인**이라고 부릅니다.

장인은 오랜 시간을 들여서 형식을 습득하고 거기서 다시 기술을

細かい手仕事など、人間にしかできない技術をもって伝統的な作品を作る職人は、機械化と**合理化**の中で次第に廃れてゆきました。しかし、最近の日本の伝統的な職人芸を**見直そう**という動きの中で、各所で「匠」の「技」が再発見されてきています。

　実は、自動車業界などの製造業においても、研磨など、人の**勘**や**微細な技量**が必要とされる分野で、「技」をいかに次世代に伝えてゆくか試行錯誤が繰り返されています。

　「匠」の「技」をいかに若い世代に伝えるかというとき、果たして**伝統的な師匠と弟子との関係**を今の若い世代が受け入れてゆけるのかという課題があるのです。師匠を常に尊敬し、文字通り人生を預けるようにして技術を磨くのか、それとも「スキル」として実用的な技術の習得に努めるのか。難しい選択といえましょう。

　特に、日本の伝統的な会社が、国際環境で海外の人を育成するとき、日本流の師弟関係は通用しません。時代に合った、「匠」の「技」の伝承が求められているのです。

연마해 기능을 정복한 기술자를 의미합니다.

정교한 수작업 등 인간만이 할 수 있는 기술로써 전통적인 작품을 만드는 기술자는 기계화와 **합리화** 속에서 차츰 쇠퇴해갔습니다. 그러나 근래에 와서 일본의 전통적 기술자의 재능을 **재평가**하려는 움직임 가운데 각지에서 **장인의 기술**이 재발견되고 있습니다.

실은, 자동차 업계 등 제조업에서도 연마 등 사람의 **직감**이나 **미세한 기량**을 필요로 하는 분야에서는 **기술**을 어떻게 차세대에 전할 것인가 시행착오를 거듭하고 있습니다.

장인의 기술을 어떻게 젊은 세대에 전달할 것인가를 생각할 때 과연 전통적인 **스승과 제자 관계**를 지금의 젊은 세대가 받아들일 수 있을 것인가 하는 과제가 남아 있습니다. 스승을 늘 존경하고 말 그대로 인생을 맡기고 기술을 연마할 것인가 아니면 '스킬'로 실용적 기술 습득에 힘쓸 것인가는 어려운 선택이라고 할 수 있습니다.

특히 전통적인 일본 회사가 국제 환경에서 해외 인재를 육성할 때 일본식 사제 관계는 통용되지 않습니다. 시대에 맞는 **장인의 기술** 전승이 필요합니다.

3

道

3

도

▪ 道

「型」が技術を学ぶための**具体的なノウハウ**であるとすれば、「道」は「型」を学び、その技量を高めてゆくための**精神的な価値観**を示す言葉です。

「道」は「みち」と発音される場合と、「どう」と発音される場合があります。「みち」は英語のroadあるいはwayにあたり、人が歩き、車が通るところを指す言葉です。その「みち」を人生に**なぞらえる**ことは、欧米でもよくあることです。そして、日本では、「型」の学習を「道」になぞらえて考えます。「道」は人がしなければならないことを示す言葉として、人生の色々な場面での処し方、道徳律を示す言葉としても使用されているのです。

日本人は伝統的に「道」というコンセプトを好み、人としての生き方を語るときにこの言葉を使用します。たとえば、「人としての道をはずす」といえば、**不道徳な生き方をしている**ことを示します。また、「**道を極める**」といえば、匠の境地に至り、その分野の極意を極めた達人となることを意味します。

したがって、日本人は、学習し、技を磨かなければならない事柄に「道」という言葉を頻繁に付加します。

華道といえば、生け花を習得するプロセスを指し、剣道はもっと直裁に日本流のフェンシングとしてスポーツの名前になっています。柔道も同様ですし、日本古来の宗教も神道といいます。

- 도

　형식이 기술을 배우기 위한 **구체적인 노하우**라고 한다면 도는 형식을 배우고 그 기량을 높여가기 위한 **정신적인 가치관**을 나타내는 말입니다.

　도(道)는 [미치]라고 발음되는 경우와 [도]라고 발음되는 경우가 있습니다. [미치]는 영어의 'road' 또는 'way'에 해당하며 사람이 걷고 차가 지나가는 길을 가리키는 말입니다. 그런 [미치]를 인생에 **견주는** 일은 서양에서도 자주 있는 일입니다. 그리고 일본에서는 **형식의 학습**을 도에 견주어 생각합니다. 도는 사람이 마땅히 해야 할 도리를 나타내는 말로서 인생의 온갖 장면에서의 처세법, 도덕률을 나타내는 말로도 쓰입니다.

　일본인은 전통적으로 도라는 개념을 좋아해 사람의 생활 태도를 이야기할 때 이 말을 사용합니다. 이를테면 '사람의 도를 벗어나다'라고 하면 **부도덕한 삶을 산다**는 뜻입니다. 또 '**도의 경지에 이르다**'라고 하면 장인의 경지에 다다라 그 분야의 심오한 경지에 이른 달인이 된다는 의미입니다.

　따라서 일본인은 배우고 기술을 연마하는 일에 **도**라는 말을 빈번하게 붙입니다.

　화도라고 하면 꽃꽂이를 배워가는 과정을 가리키며, 검도는 한마디로 일본식 펜싱인 스포츠의 이름입니다. 유도도 마찬가지며, 일본 고래의 종교도 신도라고 합니다.

「道」の考え方は、遠くに至るまで続く学習方法を示すことによって、その方法に従って生きようとする日本人の文化背景**に根ざした**価値観であるといえましょう。

- ## 道理

　「道理」とは、ロジックを意味した言葉です。

　「道理」の「理」という言葉は、「ことわり」ともよみ、それは**物事の本来あるべき姿**を示す言葉です。また、ロジックにかなった当然の帰結をも意味する言葉です。その言葉に「道」の概念が加わり「道理」となるわけで、それは、人が道徳律に従った行動をし、ロジックもしっかりとしていることを指し示すときに使用されるのです。

　封建時代からずっと日本人が培ってきた価値観にそって、たとえば年上の人を敬い、師匠や上司に敬意を払って、それにふさわしい行動をすることは、日本では**「道理に叶った」**行動であるといわれます。

　すなわち、単に理屈が通り、ロジックに支えられているのではなく、そこにしっかりとした**道徳的なバックアップ**があることが「道理」の意味するところなのです。そして、その道徳は、日本の伝統的な価値観に支えられているわけで、必ずしも万国全てに受け入れられるものではありません。

　人生のあり方を示す「道」という価値観が、日本人のロジックの構成

도의 사고방식은 멀리에 닿을 때까지 이어가는 학습 방법을 나타내므로 그 방법에 따라 살아가려는 일본인의 문화적 배경**에 뿌리내린** 가치관이라고 할 수 있을 겁니다.

- 도리

도리란 논리를 의미했던 말입니다.

도리의 '리(理)'라는 글자는 [고토와리]라고도 읽으며, **사물의 본래 있어야 할 모습**을 나타내는 말입니다. 또 논리에 맞는 당연한 귀결을 의미하는 말이기도 합니다. 그 말에 도의 개념을 추가하여 도리가 된 것이며, 사람이 도덕률에 따라 행동하고 논리도 분명히 서 있을 때 사용하는 말입니다.

봉건시대부터 쭉 일본인이 배양해온 가치관에 따라, 이를테면 손윗사람을 받들며 스승과 상사에게 경의를 표하고 그에 상응하는 행동을 하는 것이 일본에서는 '**도리에 맞는**' 행동입니다.

즉, 단순히 이치가 통하고 논리가 서 있는 것만이 아니라 거기에 철저한 **도덕적인 뒷받침**이 있는 것이 도리가 의미하는 바입니다. 그리고 그 도덕은 일본의 전통적인 가치관이 만들어낸 것이므로 반드시 모든 국가에 전부 받아들여지는 것은 아닙니다.

인생의 참된 모습을 나타내는 도라는 가치관이 일본인의 논리 구성에 크게 영향을 주는 증거가 이 **도리**라는 말입니다.

に大きく影響を与えている証拠が、この「道理」という言葉なのです。

- ### 武士道

　「道」という概念を**最も端的に表している**のが、封建時代に武士が自らのあるべき生き方として心に刻んでいた「武士道」という価値観です。

　「武士道」については、明治時代の思想家であり外交官でもある新渡戸稲造が「武士道」という名著を残しています。

　新渡戸稲造は、ちょうど欧米でのキリスト教のように、それを日本人の**道徳律の源泉**であるとして、封建時代から培ってきた日本人の価値観、善悪を判断する基準としての道徳律が「武士道」であると説いているのです。

　武士のことを別のいい方で侍と呼び、そちらの方が欧米では有名になってしまいました。武士とは刀をもって戦い、時には主君や村や町を敵から守る人のことを指します。侍は、その武士が封建制度の枠組みにそって主君に仕えてゆく中で生まれた言葉です。

　ちょうど西欧の騎士のように、主君**に対して忠誠を誓い**、必要とあれば命も捧げて主君とその領土を守り抜くことが侍の勤めでした。そのために常に精神的、肉体的な鍛錬を怠らず、死をも克服できる**強い人格**形成に努めることが、侍のあるべき姿とされたので

- 무사도

도라는 개념을 **가장 단적으로 보여주는 것**이 봉건시대에 무사가 자신이 갖추어야 할 삶의 태도로 마음에 새기고 있었던 **무사도**라는 가치관입니다.

무사도에 대해서는 메이지 시대의 사상가이자 외교관인 니토베 이나조가 『무사도』라는 명저를 남겼습니다.

니토베 이나조는, 흡사 서양의 크리스트교처럼, **무사도**를 일본인의 **도덕률의 원천**으로 보고 봉건시대부터 축적되어온 일본인의 가치관, 선악을 판단하는 기준이 되는 도덕률이 **무사도**라고 설명하고 있습니다.

무사를 다른 표현으로는 사무라이라고 하고, 서양에서는 이 표현이 유명합니다. 무사란 칼을 들고 싸우며 때로 주군과 마을, 도시를 적으로부터 지키는 사람을 가리킵니다. 사무라이는 그런 무사가 봉건제도의 체제에 따라 주군을 섬기는 데서 생겨난 말입니다.

마치 서구의 기사와 같으며 주군**에 대해 충성을 맹세하고** 필요하면 목숨을 바쳐 주군과 그 영토를 끝까지 지켜내는 일이 사무라이의 임무였습니다. 그 때문에 늘 정신적·육체적 단련을 게을리하지 않으며 죽음도 극복할 수 있는 **강한 인격** 형성에 힘쓰는 것이 사무라이의 참된 모습으로 인식되었습니다. 이러한 사무라이의 인생관과 거기서 만들어진 행동 양식이 무사의 도, 즉 **무사도**입니다.

충성을 다하기 위해서는 평소 무엇을 배우고 어떻게 처신해야 할

す。こうした侍の人生観と、それに育まれた行動様式が武士の「道」、すなわち「武士道」なのです。

　忠誠を貫くために常に何を学び、いかに振る舞うべきか。人の上に立つ身分である侍が常に心がけなければならない**義務や掟**はどのようなものか。「武士道」は、個人の欲望を抑え、質素な中で清廉に生き、死を畏れずに主君を守り抜くことの大切さを教えていました。そして、侍は、**寡黙で**、物事に動じる事なく、**常に平常心で**危急に対処する精神力が求められたのです。

　現在でも日本には、個人の利益よりも会社の責務を優先し、だまって命ぜられた業務をこなすビジネスの環境が見受けられます。特に上に立つ者は、部下の過ちも自らの責任として引き受けようとすることを美徳とする風習が残っています。

　若い世代にこの「武士道」が廃れてきたと嘆く年配の人も多くいます。そして、もちろん、昔でも現実が「武士道」の**理想**と乖離したことも多々ありました。

　しかし、これからも日本人の価値観の一番奥底に、「武士道」的な発想が、時代によって変化しながらも、受け継がれていくのではないでしょうか。

것인지를 고민해야 했습니다. 남의 위에 서는 신분인 사무라이가 늘 명심해야 할 **의무나 규율**은 어떤 것일까. **무사도**는 개인의 욕망을 누르고 검소한 가운데 청렴하게 살며 죽음을 두려워하지 않고 주군을 지켜내는 것이 얼마나 중요한 일인가를 가르쳤습니다. 그리고 사무라이에게는 **과묵하고** 어떤 일에 동요되지 않고 **늘 평정심을 잃지 않으며** 위급에 대처하는 정신력이 요구됩니다.

현재도 일본은 개인의 이익보다도 회사의 책임을 우선시하며 묵묵히 명령 받은 업무를 해내는 비즈니스 환경으로 보입니다. 특히 윗사람은 부하의 잘못을 자신의 책임으로 받아들이는 것을 미덕으로 여기는 풍습이 남아 있습니다.

젊은 세대에게 이 **무사도**가 몰락했다고 한탄하는 어른들도 많습니다. 물론 옛날에도 현실과 **무사도**의 **이상**과는 괴리된 점이 많았습니다.

그러나 이제부터라도 일본인의 가치관 중에서 가장 깊은 곳에 무사도적인 발상이 시대와 더불어 변화하면서 이어질 것이라고 생각합니다.

克己心 <ruby>克己心<rt>こっきしん</rt></ruby>

　武士道で最も美徳とされる価値観に「克己心」があります。それは、**己に打ち勝つ心**という意味で、**精神修養**に努めることで、自らの欲望や恐怖を克服する精神的な高みを目指そうとする心がけを指す言葉です。

　日本人は伝統的に、努力という言葉を好みます。

　そして、往々にして、結果よりもそれに至るプロセスでの努力を重くみて、人を評価する傾向があります。それは、人がいかに「克己心」をもって業務や学業に取り組んできたかを重くみる、「武士道」的ものの考え方の名残りともいえましょう。

　自分の欲望や利益を敢えて横において、組織や集団の発展のために力を注ぐことをよしとするこうした考え方に立っていうならば、結果を示して人に自らの実力をアピールすることは、むしろよくないことであると考えられます。

　現代社会では、ビジネスにおいて常に**結果が求められます**。それは日本でも例外ではありません。しかし、しっかりと努力する人間への同情や理解が、他の国々よりも深いのも、また日本のビジネス文化の特徴といえそうです。

　こうした考え方は、「謙遜」や「謙虚」といった価値観にも通じるもので、常に自らはへりくだって、黙々と努力を重ねることが、「克己心」の意味するところなのです。

- 극기심

　무사도에서 가장 미덕으로 여기는 가치관에는 **극기심**이 있습니다. 그것은 **자기 자신을 이겨내는 마음**이라는 의미로, **정신 수양**에 힘씀으로써 자신의 욕망과 공포를 극복하는 높은 정신적 경지를 목표로 하는 마음가짐을 가리키는 말입니다.

　일본인은 전통적으로 노력이라는 말을 좋아합니다.

　그리고 때로 결과보다는 거기까지 이르는 과정의 노력에 무게를 두고 사람을 평가하는 경향이 있습니다. 그것은 사람이 얼마나 **극기심**을 갖고 업무와 학업에 힘써왔는가를 중시하는 **무사도적인** 사고방식의 흔적이라고 할 수 있을 겁니다.

　자신의 욕망이나 이익은 접어두고 조직이나 집단의 발전을 위해 힘을 쏟는 자세를 좋게 여기는 이러한 사고방식에 서게 되면 결과를 내세워 남에게 자신을 드러내는 것을 오히려 좋지 않게 여깁니다.

　현대사회에서는 비즈니스상에서 늘 **성과가 요구됩니다.** 그것은 일본에서도 예외는 아닙니다. 그러나 열심히 노력하는 사람에게 보내는 동정이나 이해가 다른 나라들보다 깊은 것도 일본 비즈니스 문화의 특징이라고 할 수 있을 것입니다.

　이러한 사고방식은 **겸손**이나 **겸허**라는 가치관과도 통하며 늘 자신은 겸손하고 묵묵하게 노력을 쌓아가는 것이 **극기심**이 뜻하는 바입니다.

　말 없는 노력을 좋게 여기는 일본의 비즈니스 문화를 **자기 자신의**

寡黙に努力することをよしとする日本のビジネス文化を、**自らの価値をしっかりとアピールし**、人に対してリーダーシップをとってゆくことを大切にする欧米の文化と比較してみると、その違いが様々な誤解の原因になることがわかってくるのです。

・ 業 (ぎょう)

　「業」とは、直訳すればトレーニングということになるのでしょうか。しかし、その意味するところは、「克己心」を培うために日常的に**厳しい義務**を己に課してゆくことなのです。

　それは、ちょうど僧侶が**悟り**を目指して行う修行に通じるものがあります。実際日本では、山奥の厳しい環境で修行をすることを、**「業」を行う**と表現します。

　「型」を学ぶときの「修練」も、ある意味では「業」であるといえましょう。以前、アメリカ人の著者、ロバート・ホワイティングが日本の野球を単なるスポーツとしてではなく、剣道や柔道と同じく、野球道であると評論しました。

　それは、日本人が野球の練習をするときに、ただ技能を磨くのではなく、野球場という自らを鍛える場への敬意を学ぶために行う清掃から、先輩への礼儀作法、さらに一見野球の技術とは関係のない禅寺での**座禅**まで、精神的な側面を極めて重くみるトレーニングを

가치를 분명히 드러내고 남들에 대한 지휘권 획득을 중요시 여기는 서구의 문화와 비교해보면 그 차이가 갖가지 오해를 낳는 원인임을 알 수 있습니다.

- 극기

극기는 직역하면 훈련에 해당할 겁니다. 그러나 의미하는 바는 극기심을 키우기 위해 평소에 **고된 의무**를 자신에게 부과하는 것을 말합니다.

그것은 흡사 승려가 **깨달음**을 얻고자 행하는 수행과 상통하는 데가 있습니다. 실제로 일본에서는 산속의 고된 환경에서 수행하는 것을 '**극기에 힘쓰다**'라고 표현합니다.

형식을 배울 때의 **수련**도 어떤 의미에서는 극기라고 할 수 있을 겁니다. 이전에 미국인 저자 로버트 와이팅은 일본의 야구를 단순한 스포츠가 아니라 검도나 유도와 같이 야구도라고 평론했습니다.

그것은 일본인이 야구 연습을 할 때 단순히 기능을 갈고닦는 것이 아니라 자기 자신을 연마하는 야구장이라는 장소에 대한 경의를 몸에 익히기 위해 청소하는 일부터 선배에 대한 예의범절, 나아가 일견 야구 기술과는 관계없는 선사의 **좌선**까지 정신적인 측면을 매우 중시하는 훈련을 쌓아가는 것을 보았기 때문입니다. 그야말로 야구를 터득하고자 극기에 힘쓰고 있다고 로버트 와이팅은 생각했던 것입

重ねていることを彼がみたからです。まさに、野球を極めるための「業」をしているのだと、ロバート・ホワイティングは思ったのでしょう。

「業」という精神性を重んずる訓練の方法は、現在のビジネスでの新人研修にも多く取り入れられています。

「業」は日本人のトレーニングに関する考え方の基本にある価値観で、何かを成し遂げるための長い「道」を進む上で大切な考え方なのです。

■ 求道(くどう)

「業」を行い、自らが極めようとしている事柄に対して熱心に学習したり修行したりすることを「求道(くどう)」と言います。

「道」を極めるために、しっかり修行し、自らを律する行為が「業」であるならば、そうした「業」を真摯に行う心がけが「求道」の精神です。

「道」という価値観を重んずる日本人は、「道」を極めるためにいかに努力し、目標に向けて「修練」を重ねるかということに強い関心を示します。「克己心」の項目でも紹介しましたが、「道」を極めるためのこうしたプロセスへの美学がそこに見受けられます。

仮に結果が思わしくなくても、そこに至るプロセスにおいて努力を重ねていれば、人はそれを評価し尊敬します。「求道」の精神こそ

니다.

극기라는 정신성을 중시하는 훈련 방법은, 현재 비즈니스계의 신입 사원 연수에서도 채택되고 있습니다.

극기는 일본인 훈련법에 관한 기본적인 사고방식에 자리 잡고 있는 가치관으로 무언가를 달성하기 위한 기나긴 길을 걸어가는 데 중요한 사고방식입니다.

· 구도

극기에 힘써 자신이 이루려는 경지에 달하고자 열심히 학습하고 수행하는 일을 **구도**라고 합니다.

도에 이르기 위해 착실하게 수행하고 자신을 규율하는 행위가 극기라고 한다면 그러한 **극기**를 진지하게 행하는 마음가짐이 **구도**의 정신입니다.

도라는 가치관을 중시하는 일본인은 **도**에 이르기 위해 얼마나 노력하고 목표를 향해 **수련**을 쌓아가는지에 대해 강한 관심을 보입니다. **극기심**의 항목에서도 소개했지만, **도**에 이르기 위한 이 같은 과정에 대한 **미학**을 엿볼 수 있습니다.

혹여 결과가 생각대로 되지 않더라도 거기에 이르기까지의 과정에서 끊임없이 노력하면 사람들은 그것을 평가하고 존경합니다. **구도**의 정신이야말로 결과 이상으로 요구됩니다.

が、結果以上に求められているのです。

　ある意味で、結果重視の欧米型のビジネス文化からみるならば、「求道」の精神やプロセスを重んずる日本人の行動様式は**非合理的**にみえるかもしれません。

　しかし、日本人からみるならば、結果を得ることそのものよりも、努力することで得られる経験や精神的な高みのほうがより重要なのです。

　その経験が培った強い精神力があれば、たとえそこでの結果が思わしくないとしても、他の「場」において、しっかりと物事に取り組むことができるというわけです。

　武士道においても、もしその人が精神鍛錬をしっかりと行えば、**結果は自ずとついてくる**と教えられます。

　試合に勝つことは、訓練を重ねてきたことの、一つの結果に過ぎないというわけです。

어떤 의미에서, 결과를 중시하는 서구형 비즈니스 문화에서 보면 **구도**의 정신과 과정을 중시하는 일본인의 행동 양식은 **비합리적**으로 보일지 모릅니다.

그러나 일본인의 입장에서 보면 결과를 얻는 것 그 자체보다도 노력을 통해 얻는 경험이나 높은 정신적인 경지 쪽이 더 중요합니다.

그 경험이 축적된 강한 정신력만 있으면, 예를 들어 그곳에서의 결과가 생각대로 되지 않더라도 다른 자리에서 착실하게 일에 대처할 수 있을 겁니다.

무사도에서도 만약 그 사람이, 정신 단련을 단단히 하면 **결과는 자연스럽게 따라오는** 것이라고 배웁니다.

경기에서 이기는 것은 훈련을 축적해온, 하나의 결과에 지나지 않는 것입니다.

4

- 気
- やる気
- 気概
- 気持ち
- 気丈
- 運気
- 殺気
- 空気

4

기

- 気

　「気」とは古代中国に生まれた概念で、この世にある**目には見えないエネルギー**の動きを意味します。

　たとえば、会議をしているとき、お互いに意見が対立して、何も前に進まなかったとしましょう。そのとき、会議室の中になんとなく**鬱々とした雰囲気**が漂います。その雰囲気も「気」の一つです。

　朝、澄んだ空気の中を歩いていると心が爽快になります。そんな気持ちを呼び起こす雰囲気も「気」なのです。

　すなわち、「気」がよければ人は前向きで元気になり、「気」が悪ければ人は精神的にも肉体的にもくたびれてしまいます。

　「気」の概念は古代の日本に伝わり、今でも日本人のものの考え方や判断の仕方に**大きな影響を与えて**います。

　「気」は場所や時間、あるいは人との関係やコミュニケーションの状況などによって様々に変化します。そして、「気」は人の心の中にもあり、その人の中によい「気」が充満していれば、仕事にも個人の生活にも**充実感がある**はずだと日本人は思うのです。

　また、多くの場合「気」は、自分の努力で変えることができるのです。たとえば「気」が悪いと意識したら、それをよくするために何をすべきか人は考えます。会議でよい結論がでず、行き詰まったとき、休憩をとって気分転換をはかるのも、「気」を変えて**よいエネルギーを呼び込む**手段といえましょう。

- 기

　기란 고대 중국에서 생긴 개념으로 이 세상에 있는 **눈에는 보이지 않는** 에너지의 움직임을 의미합니다.

　이를테면 회의를 할 때 서로 의견이 대립되어 전혀 진전이 없다고 합시다. 그때 회의실 안에는 어딘가 **침울한 분위기**가 떠돕니다. 그 분위기도 기의 하나입니다.

　아침에 맑은 공기를 쐬며 걷고 있으면 마음이 상쾌해집니다. 그런 기분을 불러일으키는 분위기도 기입니다.

　즉, 좋은 기를 가진 사람은 긍정적이고 씩씩하며 기가 나쁘면 사람은 정신적으로도 육체적으로도 지치고 맙니다.

　기의 개념은 고대 일본에 전해져 지금도 일본인의 사고방식과 판단 방식에 **큰 영향을 주고** 있습니다.

　기는 장소나 시간, 또는 사람과의 관계나 의사소통 상황에 따라서 각양각색으로 변화합니다. 그리고 기는 사람의 마음속에도 있고 그 사람 안에 좋은 기가 충만하면 일에도 개인 생활에도 당연히 **충실감으로 가득할** 것이라고 일본인은 생각합니다.

　또 대부분의 경우 기는 자신의 노력으로 바꿀 수 있습니다. 예를 들어 기가 나쁘다고 느껴지면 사람들은 그것을 좋게 하기 위해 무엇을 해야 할지 생각합니다. 회의에서 좋은 결론이 나오지 않아 벽에 부딪칠 때 휴식을 취하고 기분 전환을 꾀하는 것도 기를 바꿔 **좋은 에너지를 불러들이는** 수단이라고 할 수 있겠지요.

「気」を**読み取って**、うまく対処できる人間が、より評価されるのです。「配慮」の項で紹介した「気配り」という概念は、まさにその時の「気」を理解して、相手に対する対応を考えることなのです。

それはロジックではありません。それゆえに文化背景の違う欧米の人にとって、「気」の概念を理解することは大変なことかも知れません。

▪ やる気

「気」という漢字は、様々な熟語や単語の中に組み込まれて使われます。「やる気」もその一つで、これは人が何か自らがやりたいことを成し遂げようと積極的に取り組む意識を指す言葉です。すなわち、「やる気」とは、**新しい環境に対して前向きに取り組む「気」をもっている**ことを示すのです。

会社に入社したり、学校でクラブ活動に加わったりしたとき、人が自らの積極性を示そうとすることは、どこでもみかけることです。

日本の場合、「やる気」を示すには、自分の能力をアピールするのではなく、自らが加わる集団にいかに積極的にとけ込もうとしているかを見せてゆかなくてはなりません。

たとえば、新入社員はまず誰よりも早く出社して、オフィスの掃除をしたりする行動こそが、最も適切な「やる気」の示し方です。中

기를 **읽어내고** 잘 대처하는 사람이 더 좋은 평가를 받습니다. 배려 항목에서 소개한 [기쿠바리]라는 개념은 바로 그 상황에서의 기를 이해하고 상대에 대한 대응을 강구하는 것입니다.

그것은 논리가 아닙니다. 그런 까닭에 문화 배경이 다른 서구 사람들이 기의 개념을 이해하기 어려울지 모릅니다.

▪ 의욕

'기(気)'라는 한자는 다양한 숙어와 단어에 포함되어 사용됩니다. 의욕도 그중 하나이며, 이것은 사람이 무언가 자신이 하고 싶은 일을 이루려고 적극적으로 부딪치려는 의식을 가리키는 말입니다. 즉, **의욕이란 새로운 환경에 대해 긍정적으로 부딪치려는 기를 지니고 있음**을 나타냅니다.

회사에 입사하거나 학교의 동아리 활동에 참가할 때 사람이 자신의 적극성을 나타내려는 태도는 어디에서든 볼 수 있는 일입니다.

일본의 경우, 의욕을 보이려면 자신의 능력을 드러내는 것이 아니라 자신이 참가하는 집단에 얼마나 적극적으로 동화되려고 하는가를 보여주어야 합니다.

이를테면 신입 사원이 우선 다른 사람보다도 빨리 출근하여 사무실을 청소하거나 하는 행동이야말로 가장 적절한 의욕의 표현 방법입니다. 중학교나 고등학교의 스포츠 동아리에 신입생이 들어왔을

学校や高校のスポーツクラブなどに新入生が入ったときも同様です。野球部であれば、新しく入った者は、野球をするのではなく、バットを磨き、ボールをそろえ、フィールドを整えることによって、その集団に自分が**貢献している**ことを示すのです。

　「やる気」をうまく示すことのできる人は、集団により暖かく迎えられるのです。

▪ 気概

　「やる気」が、**新参者**に求められる意識であれば、「気概」はその「やる気」を継続しようという強い意識のことです。

　第六章で説明する「情」の概念でも触れますが、日本では「やる気」や「気概」を示すことによって上の立場の者や同僚から好かれることが、実際によい実績を示すことより重要視される場合が多くあります。

　たとえ、結果が思わしくない場合でも、その人物に「気概」があり、集団によい「気」を与えることができるほうが、**高く評価される**のです。

　「やる気」を示す、あるいは「気概」を示す行為がない場合、いかに仕事ができても、いわゆるアウトローとして扱われ、集団の中での昇進にはつながらないかもしれません。これは、グループ行動を一義とする日本社会の特徴といえるのではないでしょうか。

때도 마찬가지입니다. 야구부면 새로 들어온 사람은 야구를 하는 것이 아니라 야구 방망이를 닦고 공을 정리하고 운동장을 치움으로써 그 집단에 자신이 **공헌하고 있음**을 보여야 합니다.

의욕을 잘 보여줄 수 있는 사람이 집단에서 더 따뜻하게 환영 받는 법입니다.

▪ 기개

의욕이 **신참자**에게 요구되는 의식이라고 하면, 기개는 그 의욕을 계속 이어가고자 하는 강한 의식을 말합니다.

제6장에서 설명하는 정의 개념에서도 언급하겠지만, 일본에서는 의욕이나 기개를 보여줌으로써 윗사람과 동료로부터 사랑 받는 일이 실제로 좋은 실적을 내는 것보다 중요시되는 경우가 많습니다.

이를테면 결과가 생각대로 되지 않을 경우라도 그 인물에게 **기개**가 있고, 집단에 좋은 기를 안겨줄 수 있는 쪽이 **높이 평가되는** 것입니다.

의욕 또는 기개를 보이는 행위가 없는 경우, 아무리 일을 잘하더라도 이른바 무법자(열외)로 취급 받아 집단 안에서 승진하기 힘들지 모릅니다. 이것은 단체 행동을 제일로 삼는 일본 사회의 특징이라고 할 수 있겠지요.

또 기가 논리가 아니라 어디까지나 분위기를 전달하는 것이라는

また、「気」がロジックではなく、あくまでも雰囲気を伝えることからもわかるように、「気概」を示す行為は、何らビジネス上のロジックには結びつきません。それは単に**熱心さを示す**ことに過ぎないといえばその通りです。しかし、熱心であることは、グループや組織に対して愛情があり、忠誠心があることを意味します。自らのパフォーマンスのみを強調するよりも、全員が同じ「気概」をもって業務に取り組んだほうが、よりよい結果を出せると、多くの日本人は信じているのです。

▪ 気持ち

「気持ち」とは、人の思いや感情を示す一般的な言葉です。

しかし、この言葉にはもう一つの意味があります。それは、人に対する「気配り」です。

たとえば、お鮨屋さんに行ったとします。鮨を握る職人さんと会話がはずみ、最後に注文していない鮨が振る舞われたとき、職人さんは、「これは私の気持ちです」と言います。この場合、その鮨は無料で、職人さんの特別なサービスであることを意味しているのです。

お世話になっている人に対して、自らの**感謝**の意思を示すことが「気持ち」なのです。会社の同僚や友人などに対して、彼らがどのようにして欲しいか考えて、本人よりも先に対応するのも「気持ち」の

데서 알 수 있듯이 **기개를** 보이는 행위는 비즈니스상의 논리와는 전혀 상관이 없습니다. 그것은 단순히 **열성을 보이는** 것에 지나지 않을 뿐이라고 한다면 맞는 말입니다. 그러나 열성적인 것은 단체나 조직에 대해서 애정이 있고 충성심이 있는 것을 의미합니다. 자신의 퍼포먼스만을 강조하는 것보다 전원이 똑같이 기개를 지니고 업무에 임하는 것이 좀 더 좋은 결과를 낳는다고 대부분의 일본인은 믿고 있습니다.

- 마음

마음이라는 것은 사람의 생각이나 감정을 나타내는 일반적인 말입니다.

그러나 이 말에는 또 한 가지 의미가 있습니다. 그것은 남에 대한 [기쿠바리]입니다.

예를 들면, 초밥집에 갔다고 합시다. 초밥을 만드는 요리사와 즐겁게 대화를 나누다가 마지막에 주문하지 않은 초밥이 나왔습니다. 그때 요리사가 '이것은 제 마음입니다'라고 합니다. 이 경우 그 초밥은 무료이고 요리사의 특별한 서비스임을 뜻합니다.

신세를 진 사람에게 자신의 **감사**의 뜻을 표하는 것이 **마음**입니다. 회사 동료나 친구가 원하는 것이 무엇인가를 생각해 그들 본인보다 먼저 대응하는 것도 **마음**의 표출입니다.

現れです。

　日本人は「和」や「遠慮」の概念を大切にするあまり、自らのニーズを先に主張することはほとんどありません。

　それだけに、相手のニーズを察知して時には先回りして対応することが求められます。

　言葉を換えれば、相手の「気」を読んで、相手が安心したり喜ぶように対応しなければならないのです。そうした心づもりが「気持ち」なのです。

　他民族国家で、さまざまな文化背景が混在する社会では、相手のニーズを言葉以外から察知することは困難です。そうした社会では、自分が何を欲するかをしっかりと相手に伝えることからコミュニケーションがはじまります。

　それに対して、同じ文化背景をもった人が集まる日本では、ニーズは無言でも相手に伝わりやすく、それゆえに「気持ち」をもって**先手を打つ**ことが可能となるのです。

・ **気丈**

　「気丈」とは悲しいとき、動揺しているときに自らをコントロールする強い意志を示す言葉です。

　今回の東日本大震災の惨状が世界に報道されたとき、ある外国の

일본인은 **조화**나 **삼가기**의 개념을 소중히 여기는 나머지 자신의 요구를 먼저 주장하는 일은 거의 없습니다.

그런 만큼 상대의 요구를 알아차리고 때로는 한발 앞선 대응이 요구됩니다.

말을 바꾸면 상대의 **기**를 읽어내고 상대가 안심할 수 있거나 기뻐하는 행동을 취해야 합니다. 그런 자세가 **마음**입니다.

다른 민족국가에서 여러 문화적 배경이 혼재하는 사회에서는 상대의 요구를 말이 아니면 헤아리기 어렵습니다. 그러한 사회에서는 자신이 무엇을 원하는지를 분명히 상대에게 전달하고자 하는 데서 의사소통이 시작됩니다.

그에 비해 문화 배경이 같은 사람이 모여 있는 일본에서는 요구를 말하지 않아도 상대에게 쉽게 전달되고 그런 까닭에 **마음**으로 **앞질러 행동할** 수 있습니다.

- 담담함

담담함이란 슬플 때나 동요될 때 자신을 통제하고 조절하는 강한 의지를 나타내는 말입니다.

이번 동일본 대지진 참사가 세계적으로 알려졌을 때 어떤 외국인이 일본인은 정말로 슬퍼하고 있는 것인지 물었습니다. 외국에서 볼 수 있듯이 큰 소리로 외쳐대고 울고불고하는 광경을 볼 수 없고

人が日本人は本当に悲しんでいるのだろうかと質問しました。外国でみられるように、大声で叫んだり泣いたりしている光景がみられず、日本人が控えめなことが不思議だったのでしょう。

　日本人は、人前で強く感情を表すことを嫌います。感情をあらわにすることは、何よりも「和」を乱す行為とされます。同じ悲しみを抱く他の人への「配慮」にも欠ける行為だと思うのです。すなわち日本には「気丈」であることをよしとする文化背景があるのです。

　もちろん、日本人にも感情があり、今回の大震災で愛する肉親を失った人々の悲しみは深いはずです。しかし、その悲しみの感情をどう表現するかが多くの国と異なるのです。

　よく日本人は何を考えているのかわからないといわれます。第六章で紹介する「本音と建前」といったような日本人ならではのコミュニケーションスタイルが、そうした戸惑いの原因となっていることもあるでしょう。それに加え、ここで語っているように、感情を表情や言葉にして表に出さない**国民性**も、こうした疑問へとつながっているはずです。

　「気丈」とは、決して心が冷たいことを意味しません。

　「気丈」である人ほど、悲しみに必死で耐えているわけで、それは日本人には容易に理解できることなのです。さらにいうならば、日本人にとっては、「気丈」な人であれば、かえって同情が集まるのです。

일본인이 조심스러워하는 것이 의아했겠지요.

일본인은 사람 앞에서 격하게 감정을 드러내는 일을 꺼립니다. 감정을 노출하는 것은 무엇보다도 **조화**를 흩뜨리는 행위라고 봅니다. 같은 슬픔을 안고 있는 다른 사람에 대한 **배려**에도 결여되는 행위라고 생각합니다. 즉, 일본에서는 **담담함**을 좋게 보는 문화적 배경이 있습니다.

물론 일본인에게도 감정이 있고 이번 대지진에서 사랑하는 육친을 잃은 사람들의 슬픔은 깊을 것입니다. 그러나 그 슬픔의 감정을 어떻게 표현할 것인가는 다른 많은 나라들과 다릅니다.

자주 일본인은 무엇을 생각하는지 알 수 없다고들 합니다. 제6장에서 소개하는 **본심과 겉치레**라는 일본인 고유의 의사소통 방식이 그와 같은 당혹스러움의 원인이 되기도 할 겁니다. 거기에 덧붙여 여기에서 말하는 것처럼 감정을 표정과 말로 해서 겉으로 드러내지 않는 **국민성**도 분명 이러한 의문점과 관련이 있을 겁니다.

담담함이란 결코 마음이 차갑다는 뜻이 아닙니다.

담담한 사람이기에 슬픔을 필사적으로 견딜 수 있는 것이며, 그것은 일본인에게 있어 간단히 이해할 수 있는 일입니다. 덧붙여 말하면 일본인에게 **담담한** 사람은 오히려 동정을 받습니다.

▪ 運気

　「運気」とは、いわゆる**占い**の世界での運勢の動きを示す言葉です。西欧の**占星術**と同じように、中国や韓国、そして日本でも、星の動きやその人の生年月日、名前などを組み合わせた複雑な解析方法による占いが昔から存在します。

　日本人は占いが好きで、テレビのワイドショーでは今日の運勢を占うコーナーがあり、繁華街には占い師がいて、**手相**や**姓名判断**などをみてもらおうと多くの人がやってきます。

　「運気」は「気」の動きと深く関わっています。「気」の悪い状態におかれれば、その人の「運気」は下がり、やがて病気や何かの**トラブルに巻き込まれる**といわれています。

　「気」とは見えないエネルギーですが、それは個人の中にもあれば、宇宙の動きにも関連しています。「運気」の強い人は、そうした「気」を前向きに取り込み、自らの気力を高め、強運を導き入れることができるというわけです。

　日本には「病は気から」という言葉があります。この「気」はここで紹介する「気」のほかに、人の気持ちを示す「気」でもあるのです。つまり、精神状態がよくないと病の原因となるというのが、この言葉の意味するところです。

　心の持ち方によって、人は様々な「気」を外に発することができます。したがって、前向きに物事を考えれば、自ずと病を克服し、強

- 운기

운기란 이른바 **점치**는 세계에서 운세의 움직임을 나타내는 말입니다. 서구의 **점성술**과 마찬가지로 중국과 한국, 그리고 일본에서도 별의 움직임과 그 사람의 생년월일, 이름 등을 조합해 복잡한 해석 방법으로 보는 점이 옛날부터 존재합니다.

일본인은 점을 좋아하고 텔레비전의 와이드쇼(연예인 뉴스나 세간의 관심거리를 다루는 방송 프로그램)에는 오늘의 운세를 점치는 코너가 있는가 하면 번화가에는 점쟁이가 있어 **손금**이나 **이름을 봐달라는** 사람들이 많이 찾아옵니다.

운기는 기의 움직임과 깊은 관련이 있습니다. 기가 나쁜 상태에 있으면 그 사람의 운기는 내려가고 머지않아 병이나 어떤 **구설수에 말려들게 된다**고 말합니다.

기란 보이지 않는 에너지이지만 그것은 개인의 내부에도 있고 우주의 움직임과도 관련이 있습니다. 운기가 강한 사람은 그러한 기를 긍정적으로 받아들여 자신의 기력을 높이고 좋은 운을 끌어들일 수 있는 것입니다.

일본에는 '병은 마음먹기에 달렸다'라는 말이 있습니다. 이 기는 여기에서 소개하는 기 외에 사람의 기분을 나타내는 기이기도 합니다. 즉, 정신 상태가 좋지 않으면 병의 원인이 된다는 것이 이 말이 의미하는 바입니다.

마음먹기에 따라서 사람은 여러 가지 기를 밖으로 내보낼 수 있습

い運を呼び寄せることができるというわけです。

　「運気」は自らの心の持ち方で大きく左右されるのです。

▪ 殺気

　「気」の概念を理解するのに「殺気」は最適な概念かも知れません。

　その昔、よく訓練された武士が**殺意をもった相手**に出会うと、相手が**刀を抜いて**挑みかかる前に、その殺意を感じることができたといわれていました。その殺意が空気のように漂っていることを「殺気」というのです。すなわち、言葉や明快な行動に表さなくても、そこで醸し出される雰囲気や、**微妙な表情や仕草**から、その人の発する「気」を読み取ることができるのです。

　すでに何度か言及していますが、日本人は言葉の外にある意味を読んでコミュニケーションしようと試みます。昔、修行を重ねた武士は、相手が険しい表情をしたり、睨みつけたりという仕草をしていなくても、その人から「殺気」を感じ、心の中で闘う準備をしていたといわれています。

　人の**発する**「気」は、相手に伝わり、相手はそれに対応して身構えることによって、自らの意思を無言で相手に伝えます。すなわち、「気」を交換することで、相対するふたりは互いに意思を伝達するのです。

니다. 따라서 긍정적으로 생각하면 저절로 병을 극복하고 강한 운을 끌어들일 수 있는 겁니다.

운기는 자신의 마음먹기에 따라 크게 좌우됩니다.

- 살기

기의 개념을 이해하는 데 살기는 최적의 개념일지 모릅니다.

그 옛날에 잘 훈련된 무사가 **살의를 품은 상대**를 만나면 상대가 **칼을 빼고** 덤벼들기 전에 그 살의를 느낄 수 있었다고 합니다. 그 살의가 공기처럼 떠도는 것을 **살기**라고 합니다. 즉, 말이나 명쾌한 행동으로 나타내지 않아도 거기서 자아내는 분위기나 **미묘한 표정, 몸짓**에서 그 사람이 내뿜는 기를 읽을 수 있습니다.

이미 여러 번 언급했지만 일본인은 말 바깥에 있는 의미를 읽고 의사소통을 시도합니다. 옛날에 수행을 쌓은 무사는 상대가 험한 표정을 짓거나 노려보는 행동을 하지 않아도 그 사람에게서 **살기**를 느끼고 마음속으로 싸울 준비를 했었다고 합니다.

남이 **내뿜는** 기는 상대에게 전달되고 상대는 그것에 대응하여 태세를 갖춤으로써 자신의 의사를 말없이 상대에게 전합니다. 즉, 기를 교환함으로써 맞서는 두 사람은 상호 간에 의사를 전달하는 것입니다.

현대사회에서 이는 만화나 영화 세계에서 있는 일이지만 일본인

現代社会において、これは漫画や映画の世界でのことですが、日本人は今でも言葉にして出すことなく、相手に気持ちを伝えようと期待することは事実です。ですから、外国の人からみれば、日本人が本当は何が言いたいのかよくわからないという戸惑いが生まれてしまうのです。

・ 空気

　「空気」は単に気体のことだけを意味しません。英語でも、「空気」は雰囲気などを示すときに使われる言葉です。

　そして、日本語の場合も「空気を読む」という言葉があるように、人がコミュニケーションをするにあたって、そこでの雰囲気や様子が醸し出す状況を「空気」という言葉で表現します。

　「空気」の「空」は、何もない**からっぽな状態**を示す漢字です。そのからっぽな状態に「気」が混ざり、「空気」となるのです。**言葉を換えれば**、「空気」は単なる気体ではなく、そこに**充満する**様々なエネルギーをすべて包括したものということになります。

　そこに充満しているのが、どのような「気」なのかを察知し、それをもとに適切に物事に対処することは、日本人が常に心掛けている**処世術**ともいえましょう。

　したがって、「空気」の概念は、第一章で紹介した「場」とも関連し

은 지금도 말로 표현하지 않고 상대에게 마음을 전하고자 바라는 것이 사실입니다. 그러니까 외국인이 보면 일본인이 사실은 무슨 말을 하고 싶은 건지 잘 알 수가 없어 당혹스러워하는 일이 생기고 마는 것입니다.

· 공기

공기는 단순히 기체만을 의미하지 않습니다. 공기는 영어에서도 분위기를 나타낼 때 쓰이는 말입니다.

그리고 일본어의 경우도 '분위기를 파악하다'라는 말이 있듯이 사람이 의사소통을 하는 데서 그곳의 분위기나 상태가 자아내는 상황을 공기라는 말로 표현합니다.

공기의 '공(空)'은 아무것도 없는 **빈 상태**를 나타내는 한자입니다. 그 빈 상태에 기가 섞여 공기가 됩니다. **말을 바꾸면** 공기는 단순한 기체가 아니라 그곳에 **충만한** 여러 가지 에너지를 모두 포괄하게 됩니다.

그곳에 충만해 있는 것이 어떤 기인지를 알아차리고 그것을 기초로 적절하게 어떤 일에 대처하는 것은 일본인이 늘 유의하는 **처세술**이라고 할 수 있겠지요.

따라서 공기의 개념은 제1장에서 소개한 **자리**와도 관련이 있습니다. 사람과 사람이 **모이는** 시기나 구성원에 따라서 그때마다 다양

ます。人と人が**集まる**タイミングや組み合わせによって、その場その場で様々な雰囲気が生まれます。すなわち、「場」に充満する空気を読み、たとえば話したい話題を予定通りに話すのか、それとも控えるのかといった判断をすることが、コミュニケーション上大切な戦略となるのです。

　「気」は人と人とが**交流**する中で生み出されるエネルギーです。したがって、「場」や人の立場などを理解し、よりよい「気」をつくろうと多くの日本人は考えているのです。

한 분위기가 형성됩니다. 즉, **자리**에 충만해 있는 공기를 읽고, 이를테면 이야기하려던 화제를 예정대로 말할지 아니면 피할지 하는 판단은 의사소통상의 중요한 전략이 됩니다.

    기는 사람과 사람이 **교류**하는 가운데 생겨나는 에너지입니다. 따라서 **자리**나 사람의 입장을 이해하고 좀 더 좋은 기를 만들려고 많은 일본인은 생각하고 있습니다.

5

節

5

마디

- ## 節と節目

「型」や「道」という価値を**重んずる**日本人は、常に自らがどの位置にあるかを知るためのマイルストーンを大切にします。このマイルストーンを表す言葉が「節」なのです。「節」は「せつ」とも「ふし」とも読みます。

「節」とは「節目」のことで、一年の「ふしめ」である四季のことを「節」の文字を使って季節と呼んだり、人生の大きな**転換期**を、人生の「節目」という風に表現します。

「節目」には始まりと終わりがあります。節のコンセプトを知るために、竹をイメージしてみてください。竹には「節」があり、その成長した節が重なって、一本の竹となっています。その一本の竹を人生、あるいは何かを学ぶプロセスと考えてみると、それぞれの「節」がいかに大切で、一つ一つの「節」がなければ竹は上に伸びないことが理解できるでしょう。

「道」を極めるにあたって、この「節」の**連続性**がいかに保たれ、一つずつの「節」の始まりと終わりをしっかりと意識し、次の「節」につなげるかが、物事を学び、人生を送る基本であるという価値観が「節目」には込められているのです。

「節目」を重んずる日本人が、変化するときに単に未来に向かわずに、それまでお世話になった人に敬意を表したり、しっかりと挨拶をしたりすることは、欧米に人からみると、時には**儀式ばってみえ**

- 마디와 구분(고비, 일단락)

  형식이나 도라는 가치를 **중시하는** 일본인은 늘 자신이 어떤 위치에 있는지 알기 위한 이정표를 소중히 여깁니다. 그 이정표를 나타내는 말이 마디입니다. 마디는 [세쓰]로도 [후시]로도 읽습니다.

  마디란 **구분**을 가리키며 일 년의 **구분**인 사계를 '절(節)' 자를 써서 계절이라고도 쓰며 인생의 큰 **전환기**를 인생의 **구분**(고비)이라는 식으로 표현합니다.

  구분에는 시작과 끝이 있습니다. 마디의 개념을 알기 위해 대나무를 떠올려보십시오. 대나무에는 마디가 있어 그 성장한 마디가 연결되어 한 줄기의 대나무를 이룹니다. 그 한 줄기의 대나무를 인생 또는 무언가를 배우는 과정이라고 생각해보면 제각각의 마디가 얼마나 소중하며, 하나하나의 마디가 없으면 대나무가 위로 자랄 수 없다는 것을 이해하게 되지요.

  도에 다다름에 있어 그 마디의 **연속성**을 어떻게 유지하고 각 마디의 시작과 끝을 분명히 의식하여 다음 마디로 연결시킬 것인지가 매사를 배우고 인생을 살아가는 기본이라고 보는 가치관이 **구분**에는 포함되어 있습니다.

  구분을 중시하는 일본인이 변화의 단계에 있을 때, 단순히 미래만을 보지 않고 그때까지 신세를 진 사람에게 경의를 표하거나 정식으로 인사를 하는 등의 행동은 서구 사람들의 입장에서 보면 때로 **지나치게 형식을 중시하는** 것처럼 보일지 모릅니다.

るかもしれません。

　しかし、竹の解説からもおわかりのように、下の「節」を大切にしない限り、竹は上の「節」をつくり、伸びていかないのです。

　次の始まりに向かうためにも、過去をしっかりと見つめ直すということが、「節」という概念が示す倫理観なのです。

▪ 有終

　「有終」とは終わりをしっかりと意識するという価値観です。多くの場合、「節」あるいは「節目」に示される倫理観を最も端的に表した言葉が、**「有終の美」**です。

　たとえば、会社を辞めて、次のチャンスに向けて旅立つとき、人はまさに「節目」を経験します。

　その「節目」を大切にして、未来へ向かうために、辞めていく会社で最後の日までしっかりと働きます。そしてお世話になった人への挨拶を忘れず、**後任に引き継ぎをして**、時には自分の机や周囲の掃除までして会社を去ることが、「有終の美」の価値観なのです。

　この考え方は日常生活でもみることができます。ホテルや旅館に宿泊したとき、旅立つ前に部屋や布団を簡単に**片付け**たりする行為も「有終の美」の一例です。

　「立つ鳥跡を濁さず」ということわざがあります。これは、水鳥は

그러나 대나무의 설명에서도 알 수 있듯이 아래쪽의 **마디**를 소중히 여기지 않는 한 대나무는 위쪽의 **마디**를 만들어 뻗어나가지 못합니다.

다음 시작을 향하기 위해서도 과거를 분명히 바로잡고자 하는 것이 마디라는 개념이 나타내는 윤리관입니다.

▪ 유종

유종이란 끝맺음을 분명하게 의식하는 가치관입니다. 대부분의 경우, **마디**와 **구분**으로 표시되는 윤리관을 가장 단적으로 나타내는 말이 '**유종의 미**'입니다.

이를테면 회사를 그만두고 다음 기회를 향해 떠날 때 사람은 그야말로 **구분**(일단락)을 경험합니다.

그 **구분**(일단락)을 소중히 여기고, 미래를 위해 그만두는 회사에서 마지막 날까지 열심히 일합니다. 그리고 신세를 진 사람에게 인사를 잊지 않으며 **후임에게 인수인계하고** 때로는 자신의 책상과 주위 청소까지 하고 회사를 떠나는 일이 '유종의 미'라는 가치관입니다.

이 사고방식은 일상생활에서도 볼 수 있습니다. 호텔이나 여관에 숙박할 때, 떠나기 전에 방과 이불을 간단히 **정리하는** 행위도 '유종의 미'의 일례입니다.

'**떠나는 새는 뒤를 어지르지 않는다**'라는 속담이 있습니다. 이것

飛び立つとき池を濁すことなくきれいに飛び立つという意味から、旅立つとき、またはその場を去るとき、後の人のためにもその場所を美しく保って去ってゆこうということを意味します。

「有終の美」は、このことわざにもつながる、過去から未来への人や社会の繋がりをしっかりと意識するための倫理観といえるのではないでしょうか。

・ 節度

竹の「節（ふし）」の一つ一つを人生になぞらえ、大切に生きてゆこうという発想は、自らが現在留まっている「節」の中で、自分を整え、その「節」を破ることなく、次の「節」に旅立つまでしっかりと「謙虚」に自分を磨こうという価値観を導きます。その価値観を「節度」と呼びます。「和」の章でみてきた、「謙遜」や「謙譲」、そして「謙虚」という価値観が融合して「節度」という意識となってここで活きてくるのです。

敢えて自らを強くアピールすることなく、現在おかれている位置や立場を理解し、その日々の積み重ねから自身が成長してゆくことが「節度」という価値観です。

ダイナミックに変化する現代において、封建時代から培われてきたこの価値観は時代にそぐわないかもしれません。

은 물새가 날아오를 때 연못을 더럽히지 않고 깨끗하게 날아오른다는 뜻으로, 떠날 때 또는 그 자리에서 물러날 때 다음 사람을 위해 그 장소를 아름답게 해둔 채 떠나간다는 의미입니다.

'유종의 미'는 이 속담과도 관련이 있고, 과거에서 미래로 이어지는 사람이나 사회의 연계를 똑똑히 의식하기 위한 윤리관이라고 말할 수 있을 겁니다.

▪ 절도

대나무의 **마디** 하나하나를 인생에 견주어 소중히 살아가려는 발상은 자신이 현재 머물러 있는 **마디** 내에서 스스로를 정리하고 그 **마디**를 망가뜨리지 않고 다음 **마디**로 갈 때까지 착실하고 **겸허**하게 자신을 갈고닦는 가치관을 이끌어냅니다. 그 가치관을 **절도**라고 합니다. 제1장에서 살펴본 **겸손**이나 **겸양**, 그리고 **겸허**라는 가치관이 융합해 **절도**라는 의식이 형성되어 여기에서 더 효과를 발휘합니다.

굳이 자신을 강하게 내세우지 않고 현재 자신이 놓인 위치나 입장을 이해하고 그런 하루하루의 축적을 통해 성장해가는 것이 **절도**라는 가치관입니다.

역동적으로 변화하는 현대에 봉건시대부터 배양되어온 이 가치관은 어울리지 않을지 모릅니다.

일본인은 무슨 생각을 하고 무엇이 하고 싶은 건지 모르겠다는

よく、日本人は何を考え、何がしたいのかわからないという苦情を(外国の人から)聞きますが、その背景には、日本人が常に「節度」という価値観を持ち、自らの考えや思いを強く主張することを控えようという意識があるからかもしれません。

　しかし、「節度」という価値観のよい面は、常に人に対して感謝や尊敬の念をもって接する心構えでしょう。

　現代のビジネス社会において、いかにチームワークをもってプロジェクトを進めてゆくかというテーマは大切です。そのとき、相手の立場を考え、相手に敬意を表しながら「節度」あるアプローチをとれば、多くの場合、対立がシナジーへと変化するかもしれません。

　価値観は古くなるのでも、的はずれになるのでもありません。むしろ、価値観にとらわれ形骸化した行動が、価値観そのものを古くさくしてしまうのです。

　そうした意味では、「節度」という価値観のよい面を見直してみるのも、必要なのではないでしょうか。

- **けじめ**

　「有終の美」の概念でもおわかりのように、日本人は一見非合理的にすら見えるほどに、物事の終わりを大切にし、「節目」**をしっかりと意識し**ながら未来へ向かうことをよしとします。

불평을 (외국 사람에게서) 자주 듣지만 그 배경에는 일본인이 보통 **절도**라는 가치관을 가지고 자신의 사고나 생각을 강하게 주장하는 것을 삼가는 의식이 있기 때문일지 모릅니다.

그러나 **절도**라는 가치관의 좋은 면은, 늘 사람에 대해 감사와 존경의 마음을 가지고 대하는 자세이겠지요.

현대의 비즈니스 사회에서 얼마만큼 팀워크를 가지고 프로젝트를 진행해나가는가 하는 문제는 중요합니다. 그때 상대방의 입장을 생각해 상대에게 경의를 표하며 **절도** 있는 접근 방법을 취하면 대부분의 경우 대립이 상승효과로 전환될지 모릅니다.

가치관은 낡아지는 것도 어긋나는 것도 아닙니다. 오히려 가치관에 얽매여 유명무실해진 행동이 가치관 그 자체를 낡게 만들고 마는 것입니다.

그러한 의미에서는 **절도**라는 가치관의 좋은 면을 재평가할 필요가 있지 않을까 합니다.

▪ [게지메]

'유종의 미'의 개념에서도 알 수 있듯이, 일본인은 일견 비합리적으로까지 보일 정도로 일의 끝맺음을 소중히 하고, **구분을 분명히 의식하며** 미래로 향하는 것을 좋게 여깁니다.

그 변화를 맞이해 철저히 마디의 가치관**에 따라서** 행동하는 것을

伝統的な価値観に従えば、辞任するだけではなく、個人的なリスクをも投げ打って責任を全うすることで「けじめ」であり、そうした意味では、「有終の美」と「けじめ」は関係の深い価値観と」いえる。

　この物事の変化にあたって、しっかりと「節」の価値観**に従って**行動することを日本人は「けじめ」といいます。

　たとえば、人が罪を犯した場合、ただ逃げ隠れするのではなく、あえて警察に**自首し**、刑に服することがあります。この行為を日本では、「けじめ」をつけるといいます。すなわち、自らの行動に対してしっかりと責任をとり、それにふさわしい態度や対応をすることが「けじめ」なのです。

　現在でも、日本人は「けじめ」を常に意識しているようです。

　たとえば、ビジネスの世界で、会社が不良品を製造したり、業績が低迷したりという厳しい状態におかれたとき、日本では会社の経営者が責任をとって**辞任する**ことが頻繁にあります。直接その人が原因で起きた問題でなくとも、責任者として、会社が未来へ向かうためのけじめをつけるのです。

　物事が変化する節目に、いかにけじめをつけるか。日本人はそこでの行動に注目して、その人物を評価するわけです。

전통적인 가치관에 따르면 사업만이 아니라 개인적인 위험을 돌보지 않고 책임을 완수하는 것이 [게지메]이고, 그러한 의미에서는 '유종의 미'와 [게지메]는 관계가 깊은 가치관이라고 할 수 있다.

일본인은 [게지메]라고 합니다.

예를 들어 사람이 죄를 범한 경우에 그저 피해서 도망 다니는 것이 아니라 경찰에 **자수하여** 복역하는 경우도 있습니다. 그 행위를 일본에서는 [게지메]라고 말합니다. 즉, 자신의 행동에 대해 확실히 책임을 지고 그것에 어울리는 태도나 대응을 하는 것이 [게지메]입니다.

현재에도 일본인은 [게지메]를 늘 의식하고 있는 듯합니다.

예를 들어 비즈니스 세계에서 회사가 불량품을 제조하거나 업적이 저조한 힘든 상태에 놓일 때 일본에서는 회사의 경영자가 책임을 지고 **사임하는** 일이 빈번합니다. 직접 그 사람이 원인이어서 일어난 문제가 아니더라도 책임자로서 회사의 미래를 위해 잘못에 대한 책임을 다합니다.

변화의 갈림길에서 어떻게 책임을 질 것인가. 일본인은 그럴 때의 행동에 주목하여 인물을 평가하는 것입니다.

・ 節約

「節度」という概念を経済の上に投影したのが「節約」という考え方です。

「節約」とは、単純に無駄遣いをせず、**質素に生きてゆくこと**の美学を示し、具体的にどのように無駄を削るかというノウハウを指す言葉です。

「もったいない」という日本語が一時国連などでもてはやされたことがありました。これは資源を大切にするために、物を最後までしっかりと使おうという意味の言葉です。たとえばお風呂で使う石けんが小さくなったとします。すると、小さくなった石鹸をネットの袋にいれ、次の石鹸が小さくなった時も同じ袋に保存します。やがて、ネットの中は小さな石鹸でいっぱいになり、それで体を洗えば、石鹸を無駄にすることなく、スポンジを新たに買う必要もありません。小さい石鹸を捨てる行為を「もったいない」といって戒め、ネットの袋に石鹸を集めて使用する行為を「節約する」というわけです。

質素と**倹約**は、「節約」という行為の2つの大きな要素です。物が豊かではなかった昔、人々は質素と倹約を常に行い、子供の教育の上でもそれを大切な行いとしてきました。地位が高く、**経済的に豊かな人**であればなおさら、「謙虚」であることをよしとしたために、質素倹約に努めました。

「節約」は、「節度」ある生活をするための一つの具体的な行動でも

- 절약

절도라는 개념을 경제상에 투영시킨 것이 **절약**이라는 사고방식입니다.

절약이란 낭비하지 않고 **검소하게** 살아가는 미학을 나타내며, 구체적으로 어떻게 낭비를 줄일 것인가 하는 노하우를 가리키는 말입니다.

[**못타이나이**]라는 일본어가 한때 유엔에서도 칭송 받은 적이 있었습니다. 그것은 자원을 소중히 하기 위해 물건을 끝까지 다 사용한다는 말입니다. 예를 들어 목욕탕에서 사용하는 비누가 작아졌다고 합시다. 그러면 작아진 비누를 망주머니에 넣고 다음 비누가 작아졌을 때도 마찬가지로 망주머니에 넣어둡니다. 결국에는 망주머니가 작은 비누로 가득해지고 그것으로 몸을 씻으면 비누가 무용지물이 되지 않으며 스펀지를 새로 살 필요도 없습니다. 작은 비누를 버리는 행위를 '아깝다'고 여겨 경계하고 망주머니에 비누를 모아 사용하는 행위를 '절약한다'고 합니다.

검소와 **검약**은 절약이라는 행위의 두 가지 큰 요소입니다. 물건이 풍족하지 않았던 옛날에 사람들은 검소와 검약을 늘 실천하고 아이들의 교육상에서도 그것을 소중하게 실천해왔습니다. 지위가 높고 **경제적으로 풍족한 사람**이면 한층 더 겸허한 것을 좋게 여겼기 때문에 검소와 검약에 힘썼습니다.

절약은 절도가 있는 생활을 하기 위한 하나의 구체적인 행동이기

あったのです。

- ## 節制

「節度」という価値観において、「節約」がそれを支える経済的な行動であるならば、「節制」は人の心や体を健全に保つための方法論です。

日本には、「腹八分」という言葉がありますが、これは**満腹**を戒め、「節制」しようという言葉です。

「過ぎたるは及ばざるがごとし」という言葉は、何事も過度に行えば、充分でないときと同じように害があると戒めることわざで、「節制」とは、常に自分の限界を意識しながら、生活をマネージしていこうという考え方を示します。すなわち、「節度」ある生活態度が「節制」なのです。

「足るを知る」という言葉があります。これも、自分が、どのような状態で満足できるのかということを知って、それ以上を求めず自らの「節」の中で謙虚に生きようということを意味します。「節制」とは、まさにこうした考え方に支えられた人の生き方への指針といえましょう。

「節制」した毎日を送る中で、人は社会の中で争うことなく、「和」を保ち、同時に自らの精神性も高めてゆくことを理想とします。

この考え方は、封建時代の道徳教育の中枢にあり、仏教哲学の中

도 합니다.

▪ 절제

절도라는 가치관에서, 절약이 그것을 지탱해주는 경제적인 행동이라면 절제는 사람의 마음이나 몸을 건전하게 유지하기 위한 방법론입니다.

일본에서는 '배를 다 채우지 않고 알맞게 먹는다'라는 말이 있는데, 이것은 **만복**을 경계하고 절제하고자 하는 말입니다.

'**과유불급**'이라는 말은 무슨 일이든 지나치면 부족할 때와 마찬가지로 해롭다고 훈계하는 사자성어로, 절제란 늘 자신의 한계를 의식하고 생활을 관리해나가려는 사고방식을 나타냅니다. 즉, 절도 있는 생활 태도가 절제입니다.

'**족함을 알다**'라는 말이 있습니다. 이것도 자신이 어떤 상태에서 만족하는가를 알고 그것 이상을 추구하지 않고 자신의 **마디** 안에서 겸허하게 살아가고자 하는 것을 의미합니다. 절제란 그야말로 이러한 사고방식이 만들어낸 사람의 삶의 태도의 지침이라고 할 수 있을 겁니다.

절제하는 하루하루를 보내는 가운데 사람은 사회 속에서 다투지 않고 **조화**를 유지하며 동시에 자신의 정신성도 높여가는 것을 이상으로 삼습니다.

にもそれをみることができるのです。

　自分という風船の空気を抜き、欲望を抑え、自我やエゴをコントロールすることを学ぶことが「禅」などで語られているのです。「節制」は、そうした哲学を毎日の生活に投影させた、生活への戒めに他なりません。

이 사고방식은 봉건시대 도덕교육의 중추에 있었고 불교 철학에서도 볼 수 있습니다.

자기 자신이라는 풍선에 공기를 빼고, 욕망을 억제하며, 자아와 에고(ego)를 통제하고 조절하는 것을 배우는 것이 선으로 일컬어집니다. 절제는 그러한 철학을 하루하루의 생활에 투영시킨, 바로 생활에 대한 훈계입니다.

6

情

6

정

▪ 情

「情」とは人の思いや感情を表す漢字です。

人の喜びや悲しみ、楽しみや苦しみを生み出す心のエネルギーを、日本人は「情」という言葉で言い表すのです。

よく、欧米の人が、日本の映画やテレビドラマは、感情表現の場がしつこく**ウエットすぎる**と批判します。その一つの理由として、日本人はジェスチャーや言葉を使って、感情を強く表現しないため、どうしても感情表現の場が長くなってしまうことが挙げられます。

恋人同士の別れの場を表現するときに、「愛しているよ。またすぐ逢いたい」と言えばすむ場面を、**じっと涙をこらえて**、目頭がすこし潤んできたときに、恋人を乗せた列車が出発するというように、むしろ言葉を交えずに表現したほうが、日本人の心に響いてくるのです。

特に、言葉はできるだけ少ない方が、説得力があるとするコミュニケーションスタイルをもつ日本人にとっては、言葉に表さない「情」を**知覚する**ことが、相手を理解する大切な要因となるのです。

このコミュニケーションスタイルが、日本人特有の「情」への価値観を**育みました**。すなわち、「情」は言葉に表さない人間の気持ちへの美学によって支えられた価値観なのです。

日本人は、「情」を感じるとき、相手に対して何かしてあげなければというモチベーションを抱きます。そうしたモチベーションへの

- 정

'정(情)'이란 사람의 생각이나 감정을 나타내는 한자입니다.

사람의 기쁨과 슬픔, 즐거움과 괴로움(희로애락)을 낳는 마음의 에너지를 일본인은 정이라고 표현합니다.

서구 사람들은 종종 일본의 영화나 텔레비전 드라마의 감정 표현 장면이 집요하고 **너무 감정적**이라고 비판합니다. 그 이유 중 하나로 일본인은 몸짓이나 말로써 감정을 강하게 표현하지 않기 때문에 아무래도 감정을 표현하는 장면이 늘어진다는 점을 들 수 있습니다.

연인의 이별 장면을 보여줄 때 '사랑해. 다시 곧 만나고 싶다'라고 말하면 될 장면을, (연인이) **꾹 눈물을 참고** 눈가가 촉촉해질 무렵 그를 태운 열차가 출발하는 것처럼 말없이 표현하는 쪽이 일본인의 마음에 와 닿습니다.

특히, 말은 가능한 한 적은 쪽이 설득력이 있다고 보는 의사소통 방식을 가진 일본인에게는 말로 나타내지 않는 정을 **지각하는** 것이 상대를 이해하는 중요한 요인이 됩니다.

이 의사소통 방식이 일본인 특유의 정이라는 가치관을 **키웁니다**. 즉, 정은 말로 표시하지 않는 인간의 마음에 대한 미학이 만들어낸 가치관입니다.

일본인은 정을 느낄 때, 상대에 대해 무언가를 해줘야 한다는 동기를 품습니다. 그러한 동기에 대한 기대감이 일본인 특유의 인간관계에서 **유대**를 키웁니다. 그리고 비즈니스에서든 개인에게든 정을

期待が、日本人特有の人間関係における**紐帯**を育むわけです。そしてビジネスであろうが個人であろうが、「情」を感じ合うとき、お互いに打ち解け合って話ができるのです。日本人特有の身近な人への**甘えの構造**がそこに見えてくるのです。

▪ 人情

　「情」という価値観をもっと端的に示しているのが「人情」という価値観です。**洋の東西を問わず**、人は誰でも親しい人に対して愛情を抱いています。また、めぐまれない人に接すれば、たいていの人には同情心がうまれます。この、他の人に対する個人的な感情を「人情」といいます。

　たとえば、刑事裁判で、被告人が**不幸な境遇にあったがために罪**を犯したであろうと思われる場合、判事が**軽い判決を下す**ことがあります。この場合、判事は「人情」によって心を動かされたとされ、人々はその判決に拍手するというわけです。

　こうした話はよく時代劇の題材になります。「人情」によってビジネスや公の決済が影響を受けることは、日本ではむしろよいこととされているのです。状況によっては、「情」を加えることはむしろプラスなのです。

　実は、日本人は、「ビジネスはビジネス」として、個人の「情」とビ

서로 느낄 때 상대에게 터놓고 이야기를 할 수 있습니다. 일본인 특유의, 가까운 사람에게 **스스럼없는 구조**가 거기서 보입니다.

- 인정

정이라는 가치관을 가장 단적으로 보여주는 것이 인정이라는 가치관입니다. **동양과 서양에 관계없이** 사람은 누구나 친한 사람에 대해 애정을 품고 있습니다. 또 불우한 사람과 접하면 대부분의 사람은 동정심이 생깁니다. 이처럼 다른 사람을 대하는 개인적인 감정을 인정이라고 합니다.

예를 들어 형사재판에서 피고인이 **불행한 처지에 있기 때문에** 죄를 범한 것으로 보이는 경우 판사는 **가벼운 형량의 판결을 내립**니다. 이 경우에 판사가 인정에 따라 마음이 움직였다고 하여 사람들은 그 판결에 박수를 보냅니다.

이러한 이야기는 자주 시대극의 소재가 됩니다. 인정으로 인해 비즈니스나 공적인 결재 사안이 좌지우지되는 것을 일본에서는 오히려 좋은 일로 봅니다. 상황에 따라서는 인정을 가미하면 오히려 득이 됩니다.

실은, 일본인은 '비즈니스는 비즈니스'니까 개인의 정과 비즈니스를 분리해야 한다는 생각에 좀처럼 익숙해지지 않습니다. 본래 객관적으로 의견을 교환하고 판단해야 하는 비즈니스상의 거래가

ジネスを切り離すべきものだという考えになかなか馴染めません。本来は客観的に意見を交換し、判断を行うべきビジネスでのやりとりが、日本では「ハートとハート」のやりとりとして受け取られ、それがもとで人間関係が上手くいかなくなったり、取引が不調におわることもあるのです。

　もちろん、日本でもビジネスと個人の情とを混同してはいけないという**道徳律**は存在します。それだけに、人は反対意見を述べたりするときは、「人情」を意識し、気を使い、相手の**立場をたて**ながら表明するのです。

　その表明の仕方自体が、欧米の人からみると、ビジネスと個人の「情」とが混在しているようにみえることもあるようです。

- ## 義理

　「義理」とは、人と人とが人間関係を**維持して**ゆくための義務や務めを意味する言葉です。

　たとえば、ある人に大変**お世話になった**場合、その人に対して「義理」があると人はいいます。

　そこで生まれる義理を意識して、受けた**恩恵に報いる**ことが道徳的に求められているわけです。

　日本の場合、この人と人との縛りが伝統的に強かったといえま

일본에서는 '마음과 마음'의 거래로 받아들여졌다가 이것이 화근이 되어 인간관계가 원만하지 못하게 되거나 거래가 성사되지 않고 끝나는 일도 있습니다.

물론 일본에서도 비즈니스와 개인의 정을 혼동해서는 안 된다는 **도덕률**이 존재합니다. 그렇기 때문에 반대 의견을 언급할 때는 인정을 의식하여 조심스럽게 상대의 **입장을 대우해서** 표명합니다.

그 표명 방법 자체가 서양 사람의 눈에는 비즈니스와 개인의 정이 혼재되어 있는 것처럼 보일 때가 있을 겁니다.

▪ 의리

의리란 사람과 사람의 인간관계를 **유지해나가기** 위한 의무나 임무를 의미하는 말입니다.

예를 들어 어떤 사람에게 크게 **신세를 진** 경우, 그 사람에 대해 의리가 있다고 사람들은 말합니다.

거기에서 생겨난 의리를 의식하고, 받은 **은혜에 보답하기**를 도덕적으로 요구합니다.

일본의 경우, 사람들의 이런 결속이 전통적으로 강했다고 말할 수 있을 겁니다. 특히 에도 시대로 대표되는 봉건시대에는 신분과 성별, 그리고 연령 등 여러 가지 입장에서 역할이 엄격하게 설정되어 있었습니다. 그리고 역할**을 일탈하거나** 자신의 입장을 넘어서는 행

義理と人情をテーマにした古典で一番よく語られるのが、江戸時代に活躍した近松門左衛門の心中をテーマに扱った人形浄瑠璃や歌舞伎の「世話物」と呼ばれるストーリー。

しょう。特に、江戸時代に代表される封建時代には、身分や性別、そして年齢など、様々な立場での役割が厳しく設定されていました。そして、役割**を逸脱する**ことや、自らの立場を越えて行動することは禁じられていたのです。

したがって、「義理」に縛られながら、その縛りを越えた人と人の「情」との間に挟まれて葛藤するテーマが、歌舞伎や文楽などの**伝統芸能**でよく取り上げられました。たとえば、親の「義理」に縛られて婚約させられた娘と、その娘に恋する若者の物語などが、それにあたります。「義理」と「人情」というテーマです。

ごく日常的な「義理」といえば、夏や年の暮れに、仕事上あるいはふだんの付き合いでお世話になった人に贈り物をしたり、挨拶にいったりする習慣があります。今でこそ少なくなりましたが、上司が引っ越しをするときに、部下がそれを手伝うといった習慣も挙げられます。

多くの場合、「義理」はこうした上下関係での道徳律と深く関わっています。上司にお酒に誘われて、恋人とのデートの約束をどうしようかと迷うのも、現代版の「義理」と「人情」といえましょう。

最近は、こうした場合、若い人は「人情」を**優先する**と、年輩の人

동은 금지되어 있었습니다.

따라서 의리에 속박 당하면서도 그 속박을 초월한 사람과 사람 간의 정 사이에 끼어 갈등하는 이야기가 가부키(일본의 전통 연극 중 하나)나 분라쿠(일본의 전통 인형극) 등의 **전통 예능**에서 자주 다루어 졌습니다. 이를테면 부모에 대한 의리에 얽매여 억지로 약혼한 딸과 그 딸을 연모하는 젊은이의 이야기 등이 거기에 해당합니다. 의리와 인정이라는 테마입니다.

극히 일상적인 의리라고 하면, 여름이나 연말에 업무상 또는 평소 에 알고 지내며 신세 진 사람에게 선물을 보내거나 인사를 가는 습관 이 있습니다. 지금은 줄어들었지만 상사가 이사할 때 부하가 이사를 돕는 습관을 들 수 있습니다.

대부분의 경우, 의리는 이러한 상하 관계에서의 도덕률과 깊이 연관되어 있습니다. 상사가 술을 청하면 연인과의 데이트 약속을 어떻게 할지 고민하는 것도 현대판 의리와 인정이라고 할 수 있을 겁니다.

최근 이러한 경우에 젊은 사람들은 인정을 **우선시한다**고 나이든 사람들이 불평하는 것도 사실입니다.

はぼやいているのもまた事実なのです。

- ## 恩

「義理」という考え方に最も影響を与えるのが「恩」という価値観です。

封建時代には、君主は自らの部下である侍に**俸禄**を与え、その侍の身分を保障します。その地位は、その侍一代ではなく、代々受け継がれることが普通でした。

この身分と生活の保障を君主から受けることが、侍にとっての「恩」です。侍はその受けている「恩」に報いるために、時には**命をかけて**君主に仕えなければなりません。すなわちそれが侍の「義理」というわけです。

現在でも、**「あの人には恩がある」**と人はよくいいます。自分を育ててくれた親への「恩」、知識を与えてくれた教師への「恩」、そしてスキルを教えてくれた上司への「恩」などがそれにあたります。

人は「恩」に対して、それに報いるように努力することが求められます。

「恩」と「義理」との関係は、一時的なものではなく、多くの場合一

ルース・ベネディクトの『菊と刀』は、「恩」という概念を、アメリカ人が理解できるよう詳しく解説したことで知られる。

- 은혜

　의리라는 사고방식에 가장 영향을 끼치는 것이 은혜라는 가치관입니다.

　봉건시대에 군주는 자신의 부하인 무사에게 **봉록**을 주고 그 무사의 신분을 보장했습니다. 그 지위는 그 무사의 대에서만이 아니라 대대로 이어지는 것이 보통이었습니다.

　군주로부터 이런 신분과 생활 보장을 받는 것이 무사에게는 은혜입니다. 무사는 자신이 받은 은혜에 보답하기 위해 때로는 **목숨을 걸고** 군주를 섬겨야 합니다. 즉, 그것이 무사의 의리인 겁니다.

　현재에도 **'저 사람에게는 은혜를 입었다'**라고 사람들은 자주 말합니다. 자신을 키워준 부모에 대한 은혜, 지식을 심어준 교사에 대한 은혜, 그리고 기술을 가르쳐준 상사에 대한 은혜 등이 그것에 해당합니다.

　사람에게는 은혜에 대해서 거기에 보답하도록 노력하는 자세가 요구됩니다.

　은혜와 의리의 관계는 일시적인 것이 아니라 대부분의 경우 평생 그 사람의 인간관계에 영향을 미칩니다. 옛날에 은혜를 잊는 것은 가장 **비도덕적인** 행동으로 비난 받았습니다.

루스 베네딕트의 『국화와 칼』은 은혜라는 개념을 미국인이 이해할 수 있도록 자세히 설명한 책으로 유명하다.

生その人の人間関係に影響を与えます。昔は「恩」を忘れることは、最も**非道徳的な**こととして、非難されていたのです。

　日本人の心の中に深く残る「恩」という発想は、日本人がビジネスの上でも単にビジネスライクに物事を進めるのではなく、個人的な感情で判断をする原因の一つにもなっています。たとえば、「恩」のある人の子供だからということで、昇進や就職に手を加えることも時にはあり、それが様々な**不正**の原因となることもあるのです。

　逆に、あの人には「恩」があるからということで、その人が死んだ後も、その子供や遺族の相談にのろうとする行為は、美徳であるともいえるでしょう。

　「恩」という発想には、こうした功罪両面があるようです。

- **なさけ**

　「情」という漢字にはもう一つの読み方があります。それが「なさけ」です。

　「情」を通わせるとき、特に上の立場の者が下の立場の者に対して**手心を加える**ことを「なさけをかける」といいます。

　また、「なさけ」とは人に対して特別に考慮して、その人が助けられ、あるいは利益を得たりするように配慮する心を指す言葉です。すなわち、「なさけをかける」という行為は、上の立場の者が、人に

일본인의 마음속에 깊게 남는 은혜라는 발상은 일본인이 비즈니스상에서도 단순히 사무적으로 일을 진행하는 것이 아니라 개인적인 감정으로 판단하는 원인의 하나가 됩니다. 이를테면 은혜를 입은 사람의 자식임을 고려하여 승진이나 취직을 거들어주기도 하고 봐주는 일도 있는데 그것이 갖가지 **부정**의 원인이 되기도 합니다.

　　반대로 저 사람에게는 은혜를 입었다는 이유로 그가 죽은 다음에도 그의 자식이나 유족의 일을 같이 의논해주는 행위는 미덕이라고 할 수 있을 겁니다.

　　은혜라는 발상에는 이런 공로와 죄과의 양면이 있는 듯합니다.

- **[나사케]**

　　'정(情)'이라는 한자에는 읽는 법이 한 가지 더 있습니다. 그것이 [나사케]입니다.

　　서로 친분이 있을 때, 특히 윗사람이 아랫사람에 대해 **관대하게 봐주는** 것을 '불쌍히 여기다'라고 합니다.

　　또한 [나사케]란 남을 특별히 고려해 그 사람을 구해주거나, 이익을 얻을 수 있도록 배려하는 마음을 가리키는 말입니다. 즉, '불쌍히 여기다'라는 행위는 윗사람이 남에게 은혜를 베푸는 행위라는 점에서 공통됩니다. 봉건시대에 여성의 지위는 낮았습니다. 이를테면 여성이 부자 남성이나 신분이 높은 무사의 정부가 되면, 그 여성이

対して恩を与える行為に共通しているのです。封建時代には、女性の立場は低いものでした。たとえば、女性がお金持ちの男性や、身分の高い侍の情婦になると、その女性は相手から「なさけを受けた」と表現します。もちろん、その場合、女性はその男性に生活の面倒をみてもらうことが期待されているわけです。

　また、身分の低い者が何か**間違い**を犯して、自らが責任をとるときに、上の立場の人が特別の配慮でその罪を軽減したりすることを、「**なさけをもって**」と表現します。

　秩序の掟によって社会が成り立っている中で、「なさけ」は唯一例外をもって人を救済する情の概念に支えられた抜け道であったともいえましょう。その「なさけ」という概念は、現代社会においても、「先輩」、「後輩」、「同期」などの人間関係の中で活用されることはしばしばです。たとえ仕事の結果はよくなくても、「**あいつは頑張ったから**」という理由で、先輩の上司が後輩の部下の失敗を許すケースなどは日常よくある光景なのです。

- **内と外**

　人と人との複雑なしがらみの中で、その人の「情」と「義理」との関係がわかり、心を許して話ができる信頼関係が構築されたとき、その人は自分の人間関係の「内」にいると考えられます。

상대에게 '은혜를 입었다'라고 표현합니다. 물론 그 경우 여성은 그 남성이 당연히 (자신의) 생활까지 책임지길 바랍니다.

또 신분이 낮은 사람이 무언가 **잘못**을 저질러 자신의 죗값을 치를 때에 윗사람이 특별히 배려하여 그 죄를 경감시켜 주는 것을 '**자비로써**'라고 표현합니다.

질서의 규정에 따라 사회가 성립되어가는 가운데 [나사케]는 유일하게 예외적으로 사람을 구제하는 정의 개념이 만들어낸 도피 방법이라고도 할 수 있을 겁니다. 그 [나사케]라는 개념은 현대사회에서도 '선배', '후배', **동기** 등의 인간관계에서 흔히 활용됩니다. 예를 들어 일의 결과는 좋지 않아도 '**저 녀석은 열심히 했으니까**'라는 이유로 선배 상사가 후배 부하의 실수를 용서하는 경우 등은 일상적으로 자주 있는 광경입니다.

· 내부와 외부

사람과 사람의 복잡한 굴레 속에서 그 사람의 정과 의리의 관계를 알고서 마음을 터놓고 이야기할 수 있는 신뢰 관계가 구축될 때 그 사람은 자신의 인간관계의 내부에 있다고 할 수 있습니다.

이를테면 가족이나 회사의 친한 동료는 내부의 관계이고 거기에 속하지 않는 사람은 외부의 사람으로 인식됩니다. 외부의 사람과는 어느 정도 서로를 잘 알 때까지 솔직한 교제를 **삼가는** 것입니다.

たとえば、家族や会社の親しい同僚は「内」の関係で、そこに入らない人は「外」の人と捉えられます。「外」の人とは、ある程度お互いがよく知り合うまで、率直な付き合いを**控える**のです。

　この「内」と「外」との境界線は、その人のおかれている立ち位置の違いによって変化します。たとえば、同じ村の人でも、家族からみると「外」の人ですが、違う村の人と比較すれば、「内」の人となります。外国の人を「外人」と呼びますが、この場合は日本を「内」と捉えているので、外国は「外」に他ならないのです。すなわち、「外人」とは「外の人」という意味なのです。

　複雑な人間関係から発生する**齟齬（そご）や軋轢（あつれき）**といったリスクを軽減するために、日本人は伝統的に「内」と考える相手に対してのみ、本当の思いや情報を共有する傾向にあります。

　「内」に迎えられるためには、何よりも、お互いを公私ともによく知り合う必要があります。そして、「情」をもって話し合える関係になれば、「内」に入った仲間として情報が共有されるのです。

　日本人がビジネスの関係においても、よく夕食を共にし、お酒を飲んで騒いだりする背景には、お互いに「内」の関係になろうとする意識が働いているのです。これは、外国人のように日本社会の「内」

日本を知る外国人は、「外人」という言葉に違和感を示す。いつまでも日本の社会に受け入れられず「外」の人として扱われることを象徴する言葉であると知っているからで、「Gaijin」としてそのまま皮肉をこめて使うこともある。

이 내부와 외부의 경계선은 그 사람이 놓인 입지에 따라서 변화합니다. 예를 들어 같은 마을 사람이라도 가족과 비교해보면 **외부**의 사람이지만 다른 마을 사람과 비교하면 **내부**에 속하는 사람이 됩니다. 외국 사람을 [가이진]이라고 하는데, 이 경우는 일본을 **내부**로 보기 때문에 외국은 당연히 **외부**일 수밖에 없습니다. 즉, [가이진]이란 '외부 사람'을 의미합니다.

복잡한 인간관계에서 발생하는 **차질과 알력** 같은 위험 요소를 경감시키기 위해 일본인은 전통적으로 **내부**라고 생각하는 상대에 대해서만 진짜 생각과 정보를 공유하는 경향이 있습니다.

내부로 들어가기 위해서는 무엇보다도 상호 간에 공사 모두를 잘 알 필요가 있습니다. 그리고 정으로써 의논할 수 있는 관계가 되면 **내부**에 들어온 동료로서 정보가 공유됩니다.

일본인이 비즈니스 관계에서도 자주 저녁 식사를 함께하고 술을 마시며 흥겹게 노는 배경에는 상호 간에 **내부** 관계가 되고자 하는 의식이 작용하고 있는 것입니다. 이것은 외국인처럼 일본 사회의 **내부**에 들어가기 어려운 사람은 늘 손님으로 취급 당하고, 친절한 대우를 받지만 허물없이 사귀기는 힘든 문제에 직면하는 장애도 있습니다.

일본을 아는 외국인은 [가이진]이라는 말에 위화감을 나타낸다. 언제까지고 일본 사회에 받아들여지지 않은 채 **외부 사람**으로서 취급되는 것을 상징하는 말이라고 알고 있기 때문이며 'Gaijin'이라고 그대로 써서 빈정거리는 표현으로 쓰기도 한다.

に入りにくい人にとっては、常にお客さんとして扱われ、親切にはされるものの、打ち解けることができないという問題に直面するリスクもあるのです。

　日本で、「内」に迎えられるためには、まずビジネスライクな付き合いをやめて、プライベートな話を共有し、一緒に過ごす時間を増やしてゆく努力が必要なのかもしれません。

▪ 本音と建前

　「内」と「外」との関係を最も象徴的に表した言葉が、「本音」と「建前」です。「本音」とは、「内」の同じグループのメンバー同士で語られる本当に思っている内容のことで、「建前」は、**表向きの**、あるいは外交的なメッセージや言葉を指す表現となります。

　日本人ならではのコミュニケーションスタイルを理解している人同士であれば、「本音」と「建前」とを見分けることは比較的簡単かもしれません。しかし、外国から来た人は、「建前」を聞いて、それを「本音」と勘違いし、あとになって思うように事が進まずにびっくりすることもしょっちゅうあります。残念なことに、この「本音」と「建前」を理解していない人から見れば、あたかも日本人が嘘をついているように誤解することもあるかもしれません。

　日本人から「本音」のメッセージを受け取るには、「内」に入るこ

일본에서 내부에 들어가기 위해서는 우선 사무적인 교제를 중지하고 사적인 이야기를 공유하며 같이 지내는 시간을 늘려가는 노력이 필요할지 모르겠습니다.

· **본심과 겉치레**

내부와 외부의 관계를 가장 상징적으로 나타내는 말이 **본심**과 **겉치레**입니다. **본심**이란 내부와 같은 그룹의 구성원끼리 주고받는 진짜로 생각하고 있는 내용이며, **겉치레**는 **표면상의** 또는 외교적인 메시지나 말을 가리키는 표현입니다.

일본인다운 의사소통 방식을 이해하고 있는 사람끼리면 **본심**과 **겉치레**를 구분하기가 비교적 간단할지 모릅니다. 그러나 외국에서 온 사람은 **겉치레**를 듣고 그것을 **본심**으로 착각해 나중에 가서 생각처럼 일이 잘 진전되지 않으면 놀라는 일도 자주 있습니다. 유감스럽게도 이 **본심**과 **겉치레**를 이해하지 못하는 사람이 보면 마치 일본인이 거짓말을 하고 있는 것처럼 오해할 수도 있습니다.

일본인에게서 **본심**의 메시지를 얻기 위해서는 **내부**에 들어가는 것 또는 상대가 속하는 **내부**의 사람을 통해서 간접적으로 정보를 취하는 것이 요구됩니다. 그리고 무엇보다도 그러한 사람을 개입시켜 상대를 저녁 식사에 초대하고 술을 주고받으면서 격의 없이 교제하는 것이 중요합니다.

と、あるいは相手の属する「内」に加わる人を通して間接的に情報を
とることが求められます。そして、何よりも、そうした人を介して
相手を夕食などに招待し、お酒を酌み交わしながら、打ち解けてゆ
くことも大切です。

　「本音」と「建前」は、外国の人にとって、**最もやっかいな**日本人の
コミュニケーションスタイルのひとつなのです。

・　**円満**

　「円満」とは、お互いに「情」を大切にし、「和」が保たれることに
よって、**人間関係がうまくいっている**ことを示す言葉です。

　家庭円満といえば、親子関係などがうまく機能し、家族全員が**仲
良く暮らしている**状態を指しています。

　円とは、丸いことを示す言葉です。日本人は、どこかが**突出する**
ことのないまるい状態が究極の「和」の状態であると考えるのです。

　「全てが丸く収まった」という言葉がありますが、これは問題を解
決し、関係者全てが納得した状態ができたことを意味する表現で
す。ロジックではなく、情によってこそ、お互いに**妥協し**、「円満」
な関係が構築できると日本人は考えます。そうした意味では、もし
欧米の人が自らの主張をあまりにも強く押し付けてきた場合、それ
は「円満」を阻害するものとして日本人に不快感を与えることがある

본심과 겉치레는 외국 사람에게 **가장 까다로운** 일본인의 의사소통 방식의 하나입니다.

- 원만

원만이란 상호 간에 정을 소중히 하고 조화가 유지됨으로써 **인간관계가 잘 되어가는** 것을 나타내는 말입니다.

예를 들어 원만이라고 하면, 친자 관계 등이 좋아서 가족 전원이 **사이좋게 살고 있는** 상태를 가리킵니다.

원이란 둥근 것을 나타내는 말입니다. 일본인은 어딘가가 **돌출되지** 않고 둥근 상태가 궁극적인 조화의 상태라고 생각합니다.

'**모든 게 원만하게 수습되었다**'라는 말이 있습니다만, 이것은 문제를 해결하고 관계자 모두가 납득한 상태임을 의미하는 표현입니다. 일본인은 논리가 아니라 정에 의해 상호 간에 **타협하는 것으로** 원만한 관계가 구축될 수 있다고 생각합니다. 그러한 의미에서 만약 서양 사람이 자신의 주장을 너무 강하게 밀어붙이는 경우, 그것은 원만을 저해하고 일본인에게 불쾌감을 안겨주는 일일지도 모릅니다.

'**튀어나온 말뚝은 얻어맞는다**'라는 말이 있습니다. 튀어나와 있는 말뚝이 치여서 박히듯이 **돌출된** 생각이나 너무 독창적인 행동은 거절 당하고 매장되고 만다는 것이 이 말이 뜻하는 바입니다.

어떤 의미에서 이 말은 조화를 유지하는 데는 적절한 접근 방법이

かもしれません。

「**出る杭は打たれる**」という格言があります。飛び出している杭が打ち込まれるように、**突出した**考えやあまりにも独創的な行動は拒絶され、葬り去られるというのがこの格言の意味するところです。

ある意味でこの格言は、和を保つには適したアプローチですが、反面では、リーダーシップをとりたがらず、集団での意見調整にエネルギーを費やすという結果をもたらすことにもなるのです。

- 他人

「他人」とは見知らぬ人、あるいは自分とは特に関係のない人を意味する言葉です。それに対して深く知り合っている相手のことは「身内」と呼びます。

もっと端的にいうならば、「他人」とは自分が「情」をもって接する必要のない一般の人を意味します。「内と外」の概念での「外」に属する人をより明確に規定した言葉が「他人」なのです。

日本人は「他人」に対しては、本音を語ることはほとんどありません。

欧米では、「他人」でも道ですれ違うときは軽く挨拶をします。日本ではそうした光景はほとんどありません。さらに、あれだけ「和」を大切にし、お互いに気を使い、遠慮する日本人でありながら、朝夕の通勤列車などでは、「他人」をぐっと押して電車に乗ることに**躊**

지만, 반면에 지휘권을 잡으려 하지 않고 집단 내의 의견 조정에 에너지를 소비하는 결과를 초래할 수도 있습니다.

- 타인

타인이란 낯선 사람 또는 자신과는 특별한 관계가 없는 사람을 의미하는 말입니다. 이와는 달리 깊이 잘 알고 지내는 사람은 '일가'라고 합니다.

더 단적으로 말하면 타인이란 자신이 정으로 접할 필요가 없는 일반인을 의미합니다. 내부와 외부의 개념에서 외부에 속하는 사람을 더 명확하게 규정하는 말이 타인입니다.

일본인은 타인에게 본심을 내비치는 일은 거의 없습니다.

서양에서는 타인이라도 길에서 스쳐 지나갈 때에 가볍게 인사를 합니다. 일본에서는 그러한 광경은 거의 없습니다. 더 나아가 그토록 조화를 소중히 여기고 서로 세심하게 마음을 쓰며 조심하는 일본인이지만 아침저녁 통근 열차 등에서 타인을 획 제치고 전철을 타는 일은 **주저하지 않습니다.**

(일본인의) 타인과의 인간적 거리감은 서양 사람들의 타인과 비교할 경우, 더 멀지 않을까요.

일본인은 말을 건네는 등 서로를 의식하면 그 순간부터 조화를 유지하기 위한 모드에 들어갑니다. 타인에 대한 거리감은 내부와

躇しません。

　「他人」との人間的距離感は、欧米の人々にとっての「他人」と比べた場合、より遠いのではないでしょうか。

　日本人は、声を掛け合うなど、お互いを意識すれば、その瞬間から和を保つためのモードにはいります。「他人」の度合いは、「内と外」の概念と同様、知り合えば知り合うほど薄くなります。挨拶をした瞬間から「他人」であっても気を遣い、相手の立場を考えつつ行動をはじめるのです。

　日本人は、気遣いの必要のない、全く見知らぬ人、すなわち「本当の他人」のことを「赤の他人」と呼んで、全く自らの**視野**の外におくのです。

외부의 개념과 마찬가지로 서로를 알면 알수록 약해집니다. 인사를 나눈 순간부터 타인이라도 세심하게 마음을 쓰고 상대의 입장을 생각해서 행동을 시작합니다.

일본인은 신경 쓸 필요가 없는 전혀 낯선 사람, 즉 '진짜 타인'을 '생판 남'이라고 부르고 완전히 자신의 **시야** 바깥에 둡니다.

忠

7

충

▪ 忠

前章の「恩」の概念を思い出してください。

人から「恩」を受けると、それに対する「義理」が発生します。

「忠」は、その「義理」の中でも特に身分や立場の高い人に対して**発生する**義務を示す言葉です。

「恩」を与えてくれた人に対して、しっかりと敬意を表し、行動をもってその人に対して尽くしてゆく考え方が「忠」です。したがって、「忠」という概念は、より身分の上下がはっきりしていた封建時代において特に強調された**道徳的規範**であり、そこから派生する行動規範となるのです。

現代社会において、「忠」という意識を**そのまま**強要されることは少なくなりました。しかし、会社に対して忠誠心を持ち、時には自らを犠牲にしても会社のために労苦を惜しまず仕事をするという美学が、今でも日本社会には残っています。「忠」という意識は、日本人の心の奥深くに刻まれている遺伝子のようなものなのかもしれません。

▪ 上下

「上」と「下」の概念は、「忠」と大変深く関わっています。

- 충

제6장의 은혜 개념을 떠올려보십시오.

남에게 은혜를 받으면 거기에 대한 의리가 발생합니다.

충은 그 의리 중에서도 특히 신분이나 지위가 높은 사람에 대해서 **발생하는** 의무를 나타내는 말입니다.

은혜를 베풀어준 사람에 대해서 분명히 경의를 표하고 행동으로 그 사람에게 헌신하는 사고방식이 충입니다. 따라서 충이라는 개념은 좀 더 신분의 상하가 뚜렷했던 봉건시대에 특히 강조된 **도덕적 규범**이고 거기에서 파생된 행동 규범입니다.

현대사회에서 충이란 의식을 **그대로** 강요 당하는 일은 적어졌습니다. 그러나 회사에 대해 충성심을 가지고 때로는 자신을 희생해서라도 회사를 위해 노고를 아끼지 않고 일하는 미학이 지금도 일본 사회에는 남아 있습니다. 충이라는 의식은 일본인의 마음속 깊이 새겨진 유전자와도 같은 것인지 모릅니다.

- 상하

상과 하의 개념은 충과 매우 깊은 관련이 있습니다.

지금은 물론 존재하지 않지만 봉건시대에는 신분의 상하가 사회 제도의 기본이었습니다. 특히 사농공상이라는 네 가지 신분으로 사

今はもちろん存在しませんが、封建時代には、身分の「上下」が社会制度の基本でした。特に士農工商という4つの身分に人は分けられ、武士が最も高く、商人は最も低い地位にありました。そしてたとえば武士の中でも、幾層にも身分が分かれていたのです。

　この身分の「上下」という考え方は、現代社会では、たとえば上司と部下、先生と生徒の間でみられます。あるいは生け花や茶道の学習にみられる家元制度などに強く受け継がれています。産業によっては、**官と民間**の間にも、大企業とその**下請け**の間にも、上下の意識が歴然と残っています。

　日本では、相手の人格が自らより「上」の立場にあるか、「下」にあるかによって、言葉遣いも変われば、応対も違ってきます。

　もちろん、欧米でも立場の「上下」はあり、相手がどういう立場かによって、ある程度は応対を変える習慣はあります。しかし、人と人とは**基本的に**平等で、挨拶の方法にそれほどの変化があるわけではありません。

　しかし、日本では「上下」関係の「義理」に縛られた行動様式が、欧米よりも際立っていることは否めないようです。

　もちろん、法律的にも制度の上でも、「上下」による差別は日本で

「上下」の概念が、日本では長い間差別の原因となってきたことも事実。アメリカは「上下」の意識がない反面、移民同士の対立に起因する人種差別が長い間続いた。これを乗り越えるためにアメリカにできた法律を、公民権法という。

람을 구분하여, 무사가 가장 높고 상인이 가장 낮은 지위에 있었습니다. 그리고 이를테면 무사 중에서도 층층이 신분이 나누어져 있었습니다.

이 신분의 **상하**라는 사고방식은 현대사회에서는, 예를 들면 상사와 부하, 선생님과 학생 사이에 나타납니다. 또는 꽃꽂이나 다도를 배울 때 보이는 종가 제도 등에 강하게 계승되고 있습니다. 산업 분야에서는 **관가와 민간** 사이에도, 대기업과 그 **하청기업** 사이에도 상하의 의식이 역력히 남아 있습니다.

일본에서는 상대의 인격이 자신보다 위의 입장에 있는지 아래에 있는지에 따라서 말투도 바뀌고 응대도 달라집니다.

물론 서양에서도 입장의 **상하**는 있고 상대가 어떤 입장인가에 따라서 어느 정도는 응대를 바꾸는 습관이 있습니다. 그러나 사람과 사람은 **기본적으로** 평등하고 인사 방법에 그다지 변화가 있는 것은 아닙니다.

그러나 일본에서는 **상하** 관계의 **의리**에 속박 당하는 행동 양식이 서양보다도 두드러지는 것은 부정할 수 없을 듯합니다.

물론 법률적으로나 제도상에서 **상하**에 의한 차별은 일본에서도 위법행위입니다. 그러나 **상하**에 관한 사람들의 의식은 법적인 규제

일본에서는 **상하**의 개념이 오랫동안 차별의 원인이 되어온 것도 사실이다. 미국은 **상하**의 의식이 없는 반면, 이민자 간의 대립에 원인을 둔 인종차별이 장기간 계속되었다. 이것을 극복하기 위해 미국에 생긴 법률을 「공민권법」이라고 한다.

も違法行為です。しかし、「上下」に関する人の意識は法的な規制とは別に、日本社会の根本原理として維持されているのです。

- ## 目上、目下

「上下」の考え方は、単にビジネスなどの社会生活の中のみならず、個人の生活環境の中にも歴然と残っています。

その代表的な概念が、自分より年上の者に敬意を表する「目上」、「目下」の概念です。もちろん、「目上」が年上で、「目下」が年下です。社会的な地位での「上下」が関わらない限りにおいて、「目下」の人は常に「目上」の人ときっちりと区別されます。「目下」の人が「目上」の人へ敬意を払い、丁寧に接することによって、「目上」の人にかわいがられるといった「情」の交換がそこにあるのです。

「目上」と「目下」の価値観が社会生活で最も顕著にでるのが学校や会社での「先輩」と「後輩」という概念です。

「先輩」とは、先に学校に入学したり、会社に就職した人のことを意味し、あとから入ってきた若い人を「後輩」といいます。「先輩」は「後輩」を指導し、「後輩」は「先輩」に敬意を払いながら、学校や会社で活動するノウハウを学ぶのです。

最近は少なくなりましたが、日本では**年功序列**という考え方があり、何年会社に勤めたかによって、評価や雇用条件が決められます。

와도 별도로 일본 사회의 근본원리로서 유지되고 있습니다.

▪ 윗사람, 아랫사람

　상하의 사고방식은 단순히 비즈니스 등의 사회생활 내에서만이 아니라 개인의 생활환경 속에서도 역력히 남아 있습니다.

　그 대표적인 개념이 자신보다 나이가 많은 사람에게 경의를 표하는 윗사람, 아랫사람의 개념입니다. 물론 윗사람은 나이가 위인 사람이고, 아랫사람은 나이가 아래인 사람입니다. 사회적인 지위에서의 상하와 상관없는 한 아랫사람은 항상 윗사람과 뚜렷이 구별됩니다. 아랫사람이 윗사람에게 경의를 표하며 정중하게 대함으로써 윗사람에게 귀여움을 받는 정의 교환이 거기에 있습니다.

　윗사람과 아랫사람의 가치관이 사회생활에서 가장 현저하게 나타나는 것이 학교나 회사의 '선배'와 '후배'라는 개념입니다.

　'선배'는 먼저 학교에 입학하거나 회사에 취직한 사람을 의미하며, 나중에 들어온 젊은 사람은 '후배'라고 합니다. '선배'는 '후배'를 지도하고, '후배'는 '선배'에게 경의를 표하면서 학교나 회사에서 활동하는 노하우를 배웁니다.

　최근에는 줄어들었지만, 일본에서는 **연공서열**이라는 사고방식이 있어 몇 해나 회사에 근무했는가에 따라 평가나 고용조건이 정해집니다.

人は、社会の中で、まず相手が「目上」であるかどうかを察知し、さらに学校や会社では「先輩」であるかどうかを見極めながら行動します。

　そして最終的に、上司と部下という「上下」関係と、「目上」と「目下」、「先輩」と「後輩」という概念を組み合わせながら、お互いに気遣ってコミュニケーションをしてゆくのです。

　こうした背景からか、日本人は見知らぬ相手に年齢をきくことがよくあるのです。これは欧米にはない、欧米の人には理解しがたい慣習といえるのかもしれません。

- **同期**

　「先輩」、「後輩」という概念と密接に関係するのが「同期」という考え方です。「同期」とは、同じ年に入社したり、入学した仲間を指す言葉です。

　日本の場合、たとえば大学を卒業する年齢は浪人や留年をしなかったとして22歳です。したがって、多くの人が同じ年齢で就職し、会社に入ります。そうした人々が同期となるのです。

　大学などでも同期の人々は、卒業後もお互いに連絡を取り合いネットワークします。あたかも欧米で有名ビジネススクールの卒業生のネットワークがあるように、彼らも横の繋がりをもって活動

사람은 사회에서 우선 상대가 **윗사람**인가 아닌가를 파악하고, 또한 학교나 회사에서는 '선배'인지 아닌지를 판별해 행동합니다.

그리고 최종적으로 상사와 부하라는 **상하** 관계와, 윗사람과 **아랫사람**, '선배'와 '후배'라는 개념을 조화시키며 서로 배려해 의사소통을 해나갑니다.

이러한 배경 때문인지 일본인은 잘 모르는 상대에게 연령을 물을 때가 자주 있습니다. 그것은 서양에는 없고 서양 사람은 이해하기 어려운 습관이라고 할 수 있을 겁니다.

· 동기

'선배', '후배'라는 개념과 밀접하게 관련되는 것이 **동기**라는 사고 방식입니다. **동기**란 같은 해에 입사하거나 입학한 동료를 가리키는 말입니다.

일본의 경우, 예를 들면 대학을 졸업하는 연령은 재수하거나 낙제하지 않으면 22세입니다. 그러므로 대부분의 사람이 같은 연령에 취직하고 회사에 들어갑니다. 그러한 사람들이 동기가 됩니다.

대학에서도 동기들과는 졸업 후에도 서로 연락을 취해 네트워크를 형성합니다. 마치 서양에서 유명 비즈니스 스쿨 졸업생의 네트워크가 있듯이, 그들도 수평으로 연결되어 활동하며 때로는 강하게 연대하고 서로 협력하며 정보를 교환합니다.

し、時には強い連携によってお互いに協力し、情報交換を進めるのです。

　また、ビジネスで、ある会社にものを売り込む場合、その会社に学校時代での同期の人間がいれば、より商談が進みやすくなります。もちろん、そこに先輩や後輩が転職していたりした場合も同様です。

　現代社会はよりダイナミックに変化しているために、以前ほどではなくなりましたが、伝統的な日本社会は、「先輩」「後輩」の概念と、「同期」の概念とによって縦糸と横糸が織られ、できあがっているわけです。

▪ 奉公

　封建時代に「恩」を受けた人に期待される行動が「奉公」でした。

　この「恩」と「奉公」との関係は、単にビジネスライクなものではありません。侍は、その一生、さらにその祖先から子孫へと、君主や上司から「恩」を受け、それに対する「義理」として「奉公」するわけですから、その**紐帯**は深く、単なる人間関係を越えた「情」と「義理」とで結ばれたものでした。

　滅私奉公という言葉があります。その意味するところは、私情に左右されず、「恩」を受けた人に対してとことん仕えるという倫理観

또한 비즈니스로 어떤 회사에 물건을 팔 경우 그 회사에 학교 시절의 동기가 있으면 상담을 진행하기가 더 쉬워집니다. 물론 거기에 선배나 후배가 전직하고 있는 경우도 마찬가지입니다.

현대사회는 더 역동적으로 변화하고 있기 때문에 이전만큼은 못합니다만, 전통적인 일본 사회는 '선배', '후배'의 개념과 **동기**의 개념에 의해 씨실과 날실이 짜여 완성된 것입니다.

▪ 봉공

봉건시대에 은혜를 입은 사람에게 기대되는 행동은 **봉공**이었습니다.

이 은혜와 봉공의 관계는 단순히 사무적인 것이 아닙니다. 무사는 그의 일생 동안, 더 나아가 그의 선조에서부터 자손에 이르기까지 군주나 상사로부터 은혜를 입고, 거기에 대한 **의리**로서 **봉공**하는 것이므로 그 **유대**는 깊고 단순한 인간관계를 넘어선 **정**과 **의리**로 엮인 것입니다.

멸사봉공이라는 말이 있습니다. 그것이 의미하는 바는 개인적인 감정에 좌우되지 않고 은혜를 입은 사람을 끝까지 섬기는 윤리관을 나타냅니다. 때로는 자신의 목숨을 바쳐 군주를 지키고 그런 행위에 대해 군주는 그 인물의 가족이나 자손에 이르기까지 가일층 **이익을 안겨**줍니다. 이렇게 이 멸사봉공이라는 (어떤 의미에서) 자기희생적

を示しています。時には、自らの命を捧げて君主を守り、その行為に対して君主は、その人物の家族や子孫へもさらなる**利益を与えて**ゆくのです。こうしてこの滅私奉公という、ある意味自己犠牲の考え方は**正当化**されるのです。

　滅私奉公をすることによって、人は「恩」を与える者に対する「情」の深さを示し、その「情」によって気持ちを動かされた上に立つ者は、さらに「奉公」する者に**愛情を注ぐ**のです。

　このプロセスの残滓が、現代社会にもあります。個人の予定よりも会社や上司のニーズを優先して残業をする意識など、一見過去の価値観と思われがちな「奉公」という意識が、現在の日本人にも受け継がれ、大切な価値観となっていることには驚かされます。

・ 忠義

　武士の社会では「奉公」という概念を、特に「忠義」という考え方に結びつけていました。「忠義」は、武士が自らの主君に対して命をかけて「奉公」することを示す言葉です。

　「忠義」は「武士道」の根本を貫くストイックな精神で、主君を守るために死の恐怖をも克服して**忠誠を保つ**ことを侍に要求している価値観です。

　したがって、武士は徹底的に「忠義」を尽すことが美徳とされ、そ

인 사고방식이 **정당화**된 것입니다.

멸사봉공함으로써 사람은 은혜를 베푸는 자에 대하여 정의 깊이를 표시하고 그 정에 의해 마음이 움직인 윗사람은 한층 더 **봉공**하는 자에게 **애정을 쏟습니다.**

이러한 과정의 잔재가 현대사회에도 있습니다. 개인의 일정보다도 회사나 상사의 요구를 우선시해 잔업하는 의식 등 일견 과거의 가치관이라고 여기기 쉬운 **봉공**이라는 의식이 현대 일본인에게도 계승되어 중요한 가치관을 이루는 점에 놀랄 따름입니다.

- 충의

무사 사회에서는 **봉공**이라는 개념을, 특히 **충의**라는 사고방식에 결합시켰습니다. **충의**는 무사가 자신의 주군에게 목숨을 걸고 **봉공**하는 것을 나타내는 말입니다.

충의는 **무사도**의 근본을 관철시키려는 금욕적인 정신이고, 주군을 지키기 위해 죽음의 공포를 극복하고 **충성을 지킬** 것을 무사에게 요구하는 가치관입니다.

따라서 무사의 미덕은 철저하게 **충의**를 다하는 것이었고 그 때문에 늘 정신적 수양과 무도 연습, **학문의 연찬**이 요구되었습니다. 봉공의 개념이 무사에게 그치지 않고 좀 더 일반적으로 은혜에 보답하기 위한 행위를 나타내는 데 비해 **충의**는 무사가 **봉공**하기 위한 의식

のために常に精神的な修養と、武道の稽古、**学問の研鑽**が求められていたのです。「奉公」の概念が、武士に限らずより一般的に、「恩」に報いるための行為を示しているのに対し、「忠義」は武士が「奉公」するための意識を表す言葉として、彼らの**倫理的な核**となった言葉です。

忠臣蔵という日本人なら誰でも知っている物語があります。この物語は、ある君主が恨みのある身分の高い人物に刀で切りかかり、傷つけたことからはじまります。君主がその人物に貶められていたという事実にも関わらず、徳川幕府は君主に切腹を申しつけます。その君主のために、**配下の武士たち**が浪人となり討ち入りを果たし、君主の敵をとったという実話なのです。その後、配下の武士たちは全員切腹を命じられます。

しかし、彼らは死の恐怖を乗り越えて、**亡き主君**のために働いたわけで、そうした彼らの行為は、まさに「忠義」を全うしたとして、人々に語り伝えられたのです。

「忠義」は、日本人があこがれる**精神的な美学**であるともいえましょう。

▪ **孝**

「目上」、「目下」という年齢差に起因する人間関係の中で、最も大

을 나타내는 말로서 그들의 **윤리적 핵**을 이루는 말입니다.

일본인이면 누구나 아는 추신구라라는 이야기가 있습니다. 이 이야기는 어느 군주가 원한이 있었던 신분이 높은 인물에게 칼을 맞아 다친 데서 시작됩니다. 군주가 그 인물에게 멸시 당했던 사실이 있음에도 도쿠가와 막부는 군주에게 할복을 명합니다. 그 군주를 위해 **부하 무사들**이 낭인이 되어 쳐들어가 군주의 원수를 갚았다는 실화입니다. 그 후 부하 무사들은 전원 할복을 명 받았습니다.

그러나 그들은 죽음의 두려움을 극복하고 **죽은 주군**을 위해 행동한 것이었으므로 그러한 그들의 행위는 끝까지 **충의**를 지킨 것으로써 사람들에게 오래도록 전해 내려옵니다.

충의는 일본인이 동경하는 **정신적인 미학**이라고 할 수 있겠지요.

- 효

윗사람, 아랫사람이라는 연령 차이에 원인을 두는 인간관계 중에서 가장 소중한 것은 부모 자식 간의 관계였습니다.

봉건시대에 무사는 부모 자식 간에도 엄격한 **상하**의 격차가 있었고, 아버지는 항상 일가의 가장으로서 일족을 감독하는 입장이었습니다.

그리고 자식은 윗사람인 부모에 대해 경의를 표하고 늘 정중하게 대하는 것이 **유교 도덕**상에서도 강하게 요구되었습니다. 당시 무사

切なものは親子の関係でした。

　封建時代、武士は親子の間でも厳しい「上下」の隔たりがあり、父親は常に一家の長として、家族を監督する立場にあったのです。

　そして、子供は「目上」である両親に対して敬意を表し、常に大切に遇してゆくことが、**儒教道徳**の上からも強く求められていました。当時、武士の子供は、両親に対してあたかも身分の異なる人に接するように、言葉遣いも変えていました。

　この親に対する心構えを「孝」または「孝行」といいます。

　「**孝行**」の発想は、日本のみならず他の多くの国にも見られ、とくに儒教道徳の影響の強い韓国で受け継がれています。

　現在、親子の関係は以前とは比べものにならないほど、カジュアルになりました。「孝」に基づいた行動様式は、今ではほとんどみられません。

　しかし、「孝行」という概念はよい**価値観**として、今なお教育の現場などでも取り上げられているのです。

- **しがらみ**

　「目上」、「目下」、「先輩」、「後輩」、「同期」、そして親子など、日本社会を彩る様々な**縦の構造**は、ある意味とても複雑で、それに対応するコミュニケーションスタイルも多岐にわたります。

의 자식은 부모에게 마치 신분이 다른 사람을 대하듯이 말투도 달리 했습니다.

이 같은 부모에 대한 마음가짐을 효 또는 '효행'이라고 합니다.

'**효행**'의 발상은 일본뿐 아니라 다른 많은 나라에서도 보이고, 특히 유교 도덕의 영향이 강한 한국에서 계승되고 있습니다.

현재 부모 자식 관계는 이전과는 비교도 안 될 만큼 간소하게 변했습니다. 효에 기초를 둔 행동 양식은 지금은 거의 보이지 않습니다.

그러나 '효행'이라는 개념은 좋은 **가치관**으로서 지금도 교육 현장 등에서 다루어지고 있습니다.

- [시가라미]

윗사람, 아랫사람, '선배', '후배', 동기, 그리고 부모 자식 등 일본 사회를 장식하는 여러 가지 **수직 구조**는 어떤 의미에서는 매우 복잡하고 거기에 대응하는 의사소통 방식도 여러 갈래로 나누어집니다.

(일본인은) 그러한 **복잡한 인간관계**를 [시가라미]라고 부릅니다.

[시가라미]란, 원래 물의 흐름을 막는 설비를 의미합니다. 이것이 복잡한 인간관계를 표현하는 말이 된 것은 인간관계가 낳은 여러 가지 의리에 얽매여 인간의 자유로운 행동이 속박 당하기 때문입니다.

따라서 [시가라미]라는 개념은 똑같이 의리와도 관련이 있고, 그리고 사회의 여러 가지 윤리와도 직결됩니다.

そんな**複雑な人間関係**を日本人は「しがらみ」と呼ぶのです。

　「しがらみ」とは、元々水の流れを止める設備のことを意味します。これが、複雑な人間関係を表現する言葉となったのは、人間関係が生んだ様々な「義理」に縛られて人間の自由な行動が束縛されるからに他なりません。

　したがって「しがらみ」という概念は、そのまま「義理」にも繋がり、そして社会での様々なモラルとも直結します。

　「義理」と「人情」の狭間で苦しむ人とは、まさにこの社会の「しがらみ」に捉えられて苦しむ人のことを意味しているわけです。

　日本人が、自らの人間関係のことを「しがらみ」**と表現する**背景には、長い歴史の中で培われた様々な常識や**硬直した**社会制度に、日本人そのものがとらわれていることを示していることになります。

　しかし、同時に、「しがらみ」は、人が**自らの勝手で**行動するのではなく、相手の立場や気持ちを考えてどのように動くかを判断させる、大切な価値観でもあるのです。

의리와 인정의 틈 사이에서 괴로워하는 사람이란, 그야말로 이 사회의 [시가라미]에 붙들려 괴로워하는 사람을 의미합니다.

일본인이 자신의 인간관계를 [시가라미]**라고 표현하는** 배경에는 긴 역사 속에서 배양된 여러 가지 상식과 **경직된** 사회제도에 일본인 그 자체가 붙들려 있음을 나타냅니다.

그러나 그와 동시에 [시가라미]는 인간이 **자기 멋대로** 행동하는 것이 아니라 상대의 입장이나 기분을 생각해서 어떻게 움직일지를 판단하게 하는 중요한 가치관이기도 합니다.

8

神

- 神
  みそぎ
- 禊
  けが
- 穢れ

- 清楚

- 清廉

- 願

- 大和魂

8

신

▪ 神

　日本人にとっての「神」とは、多くの場合、日本古来の宗教である**神道**での様々な「神」を意味します。

　神道は、明治時代に天皇を中心とした近代国家を建設しようとしたときに、国教化され、天皇の**権威**を象徴する宗教として政治的に利用されたために、大きな誤解を与えてきた宗教でもありました。

　神道は、**元来**ヒンズー教と同じ**多神教**で、日本各地に育まれてきた多彩な宗教でした。神道の信奉者は、滝や岩、そして湖や大木など自然の中に神が宿ると考えていました。日本人は農耕生活を営むにあたって、その地域を象徴する木や岩の精霊に**豊作を願いま**した。そして村々の安全を願うための宗教行為の集大成でもあったのです。

　実際、石や自然物を**崇め**たり、水で**清め**たりする宗教行為は、北から南までアジア全般でみることができます。日本人にとって、そうした自然を象徴する事物の神秘を崇め、その前で身や心を清めることが、大切な**宗教上の行為**だったのです。神道は、こうした目的のために山にこもって修行し、鍛錬する山岳信仰などをも育みます。

　キリスト教や仏教などと違い、**偶像**を信仰の対象とせず、常に自然と向かい合うことが神道の特徴で、唯一例外として「神」の象徴として自然を映し出す「鏡」などが崇拝されることがあるのです。

　この古代から伝わる神道の考え方が、後年に大陸から伝来した仏

- 신

　일본인에게 [가미]는 대부분의 경우 일본 고래 종교인 **신도**의 각종 신을 의미합니다.

　신도는 메이지 시대에 천황을 중심으로 근대국가를 건설하고자 했을 때 국교화되었으며, 천황의 **권위**를 상징하는 종교로서 정치적으로 이용되었기 때문에 큰 오해를 낳기도 했습니다.

　신도는 **본래** 힌두교와 같은 **다신교**로, 일본 각지에서 자라온 다채로운 종교였습니다. 신도의 신봉자는 폭포나 바위, 그리고 호수나 거목 등 자연 속에 신이 깃들어 있다고 생각했습니다. 일본인은 농경생활을 영위할 때 그 지역을 상징하는 나무나 바위의 정령에 **풍작을 기원**했습니다. 그리고 각 마을의 안전을 기원하기 위한 종교 행위의 집대성이기도 했습니다.

　실제로, 돌 등의 자연물을 **숭배**하거나 물로 **깨끗이** 씻는 종교 행위는 북쪽에서부터 남쪽으로까지 아시아 전반에서 볼 수 있습니다. 일본인에게 그러한 자연을 상징하는 사물의 신비를 숭배하고, 그 앞에서 몸과 마음을 깨끗이 하는 것은 중요한 **종교상의 행위**였습니다. 신도에서는 그러한 목적을 위해 산에 틀어박혀 수행하고 단련하는 산악신앙 등도 나옵니다.

　크리스트교나 불교 등과 달리 **우상**을 신앙의 대상으로 하지 않고 늘 자연과 마주하는 것이 신도의 특징인데, 유일한 예외는 신의 상징으로서 자연을 비추는 '거울' 등이 숭배되는 일이 있다는 점입니다.

教と重なり、日本人独特の**精神的価値観**が育まれます。

　仏教の修行の中に、神道的な身を清める発想が加わり、実際仏教の寺院に仏を崇める堂の横に、神道での「神」を祭る神社が置かれたりするのも、日本の宗教の特徴といえましょう。

　キリスト教とは違い、日本人にとっての「神」とは、人が自らの罪や**贖罪**を意識して対峙する「神」ではなく、自らを取り巻く自然への敬意と、清らかな自然に向かい、自らをも清めてゆく考えの中で創造されたパワーなのです。

・ **禊**
　みそぎ

　岩や大木など自然の造物に魂や神が宿るとする神道において、最も大切とされる行為がそうした精霊に向かうにあたって、**身を清める行為**です。

　この身を清める行為のことを「禊」といいます。特に、神道などで、神のそばに仕える者は、水などで身を清め、常に清潔にしておくことが求められました。

　この「禊」の行為が、その後様々な形で日本の伝統の中に残るようになります。たとえば、お祭りで体に水をかけたり、元旦に冷たい海に入って**一年の無病息災を祈ったり**といった行為が日本各地にみられます。さらに、今でも山岳信仰で、滝にあたって身を清める風

이 고대에서부터 전해오는 신도의 사고방식이 훗날 대륙에서 전래된 불교와 겹쳐 일본인 특유의 **정신적인 가치관**이 자라납니다.

불교 수행 중에 몸을 깨끗이 하는 신도적 발상이 가미되어, 실제로 불교 사원에서 부처를 숭상하는 불당 옆에 신도의 신에게 제사 지내는 신사가 있는 것도 일본 종교의 특징이라고 할 수 있습니다.

크리스트교와는 달리, 일본인에게 신이란 인간이 자신의 죄나 **속죄**를 의식하여 대립하는 신이 아니라, 자신을 둘러싸고 있는 자연에 대한 경의와 깨끗한 자연을 향해 자신도 깨끗한 상태로 나아가려는 생각 속에서 창조된 힘인 것입니다.

- 목욕재계

바위나 거목 등의 자연 조물에 혼이나 신이 깃들어 있다고 믿는 신도에서 가장 중요하게 여기는 행위가 그러한 정령을 대할 때 **몸을 깨끗하게 하는** 행위입니다.

이 몸을 깨끗하게 하는 행위를 목욕재계라고 합니다. 특히 신도에서 신을 곁에서 섬기는 자는 물로 몸을 깨끗이 씻고 항상 청결해야 합니다.

이 목욕재계 행위가 그 후 여러 가지 형태로 일본의 전통 속에 남게 됩니다. 이를테면 축제에서 몸에 물을 끼얹거나 설날에 차가운 바다에 들어가 **한 해의 무병무탈을 기원하는** 행위가 일본 각지에서 보입

習があることなど、例をあげればきりがありません。

日本人は風呂が好きで、シャワーではなく、湯船につかる習慣があります。湯船につかった後で、改めて体を洗う風習は、こうした「禊」のしきたりにその原点があるのかもしれません。

「禊」の行為は、単に体をきれいにして神に向かうだけではなく、行為を通して心の穢れも清らかにしてゆくものと信じられています。

昔の日本人にとって、日々の生活の中に**区切りをつけて**、心と体を清め、改めて神に向かう行為は、生きてゆく上での大切な「けじめ」でもありました。

今も、神社にお参りをする前は、神社の入り口や前にある水場で手を洗い、口をゆすぎます。その後で、日本人は神に向かって商売や家庭の平安を祈願するのです。

- ## 穢れ

「禊」と深く関わる概念が「穢れ」です。

「穢れ」とは、心身ともに穢れた状態を示します。神の前に立つとき、人は穢れのない状態でなければならず、そのために「禊」を行うのです。

純潔という言葉があります。これは世界の多くの国にある古典的な価値観であり、文化現象ですが、処女であること、また子供のよ

니다. 또 지금도 산악신앙에서는 폭포수를 맞으며 몸을 깨끗이 하는 풍습 등이 있고 이런 예를 들자면 끝이 없습니다.

일본인은 목욕을 좋아하며, 샤워가 아니라 욕조에 몸을 담그는 습관이 있습니다. 욕조에 몸을 담근 후에 다시 몸을 씻는 풍습은 이러한 **목욕재계**의 관례가 그 출발점인지도 모르겠습니다.

목욕재계의 행위는 단순히 몸을 깨끗이 해서 신을 대하는 것뿐 아니라 이 행위를 통해서 마음의 더러움도 깨끗이 씻어내는 것이라는 믿음이 깔려 있습니다.

옛날 일본인에게 하루하루의 생활 속에서 **하나하나 정리하며** 마음과 몸을 깨끗하게 하고, 격식을 갖춰 신을 대하는 행위는 살아가는 데 중요한 [게지메]이기도 했습니다.

지금도 신사에 참배하기 전에는 신사 입구나 앞에 있는 물터에서 손을 씻고, 입을 헹굽니다. 그다음에 일본인은 신을 향해 장사나 가정의 평안을 기원합니다.

• [게가레]

목욕재계와 깊이 관련된 개념이 [게가레]입니다.

[게가레]란 심신 모두 더럽혀진 상태를 나타냅니다. 신전에 설 때 사람은 더러움이 없는 상태여야 하며 그래서 **목욕재계**를 합니다.

순결이라는 말이 있습니다. 이것은 세계 대다수의 나라에 존재하

うに純粋であることへの美学が神道における「穢れ」という発想の対極にもあるのです。

　実際、神道では子供には大人にない神的なパワーがあると信じられており、婚姻するまでの女性が純潔であることは、封建時代の道徳律などとあいまって、昔は大切なことであったのです。

　子供のように純真ではなく、処女のように純潔ではない状態が穢れた状態とされ、人々は大人になってからも、神社などでそうした**穢れを払おう**としたのです。

　「穢れ」とは、単に見た目が汚いということを越えて、**邪悪**な心を持つことそのものを指す言葉として捉えられていたのです。

- *清楚*

　「禊」の概念からもわかるように「**清める**」行為は、神道ではとても大切な宗教行為です。

　純粋で美しい自然のパワーを前に、様々な穢れを払い、単純で清らかな状態でそれに接することが、神道での大切な価値観であるといえましょう。

　「清楚」とは、自らやその**周囲**を整え、**無駄なものを持たず**、清らかな状態でいることです。

　よく日本人はきれい好きだといわれます。たとえば、レストラン

는 고전적인 가치관이자 문화 현상인데, 처녀인 것 또는 아이 같은 순수함에 대한 미학이 신도의 [게가레]라는 대립적 발상에도 존재합니다.

실제로 신도에서는 아이에게는 어른에게 없는 신적인 힘이 있다고 믿었으며, 옛날에 결혼 전까지 여성이 순결한 것은 봉건시대의 도덕률과 어우러져 중요했습니다.

아이처럼 순진하지 않고 처녀같이 순결하지 않은 상태가 더럽혀진 상태이며, 사람들은 어른이 되고 나서도 신사에서 그러한 더러움을 **씻어내려고** 했던 것입니다.

[게가레]란 단순히 겉보기에 더러운 것을 넘어서 **사악**한 마음을 품는 것 자체를 가리키는 말로 받아들여졌습니다.

▪ 청초

목욕재계의 개념에서도 알 수 있듯이 '깨끗이 하는' 행위는 신도에서는 매우 중요한 종교 행위입니다.

순수하고 아름다운 자연의 힘 앞에서 갖가지 더러움을 씻어내고, 단순하고 깨끗한 상태에서 대면하는 것이 신도에서는 중요한 가치관이라고 할 수 있을 겁니다.

청초란 자신과 주변을 정돈하여, **쓸모없는 것은 지니지 않고** 깨끗한 상태로 있는 것입니다.

でテーブルをきれいにしたり、旅館で**布団をたたんでおく**など、様々な事例が挙げられます。

　身の回りをきれいに保つことは、多くの日本人の心に長年にわたって**染み渡った**風習であるといえましょう。

　こうした風習の原点に、神道で身を清め、自然と向き合い、質素に生活する美意識があるのではないでしょうか。

　また、さらにその奥には、「徳」の章で触れる潔い心構え、すなわち言葉で飾ることなく、静かに物事に接することへの美学も隠れています。

　もちろん、物質文明が席巻する現代社会において、日本人がこの美意識通りに生きているかといえば疑問も残ります。また、以前に比べ、日本人もかなり自己表現が豊かになり、**饒舌**にもなりました。

　しかし、日本人が憧れる理想の中に、こうした道徳律があることは事実といえるでしょう。現代社会の現実と、こうした日本古来の理想へのあこがれとの**矛盾**に今まさに日本人は直面しているわけです。

일본인은 깔끔하다는 평을 자주 듣습니다. 예를 들면 레스토랑에서 테이블을 깨끗이 치우거나 여관에서 **이불을 정돈하는** 등 여러 가지 사례를 들 수 있습니다.

주변을 깨끗하게 치우는 것은 많은 일본인의 정신에 오랜 세월에 걸쳐 **구석구석 스며든** 풍습이라고 할 수 있을 겁니다.

이러한 풍습의 원점에는 신도에서 몸을 깨끗이 하여 자연과 마주하고 검소하게 생활하는 미의식이 존재하는 것이라고 할 수 있지 않을런지요.

또 나아가 그 깊은 곳에는 덕의 장(제12장)에서 다루는 떳떳한 마음가짐, 즉 말로 꾸미지 않고 조용히 대하는 미학도 숨겨져 있습니다.

물론 물질문명이 석권하는 현대사회에서 일본인이 이 미의식대로 살고 있다고 할 수 있을지 의문스럽습니다. 또 이전과 비교해서 일본인도 상당히 자기표현이 풍부해졌고 **말수**도 많아졌습니다.

그러나 일본인이 동경하는 이상에 이러한 도덕률이 포함되어 있는 것은 사실이라고 할 수 있을 겁니다. 일본인은 바로 지금, 현대사회의 현실과 이러한 일본 고래 사상에 대한 동경 사이의 **모순**에 직면해 있습니다.

・清廉

「清楚」という価値観を、**さらに深めた言葉**が「清廉」という概念です。

「清廉」という言葉の意味することは、私心がなく、清らかな心もちのことです。実際、古来中国や日本では、儒教道徳の中で、**私心を捨てて公の為に生きる**ことの美徳が語られています。

中国に、「**清廉潔白**」という熟語があり、それは私心がなく、どこからみても恥じることのない公正さを示す言葉として日本でも使われています。

日本に儒教的な考え方が伝わったのはかなり昔のことですが、とくに封建時代には、「恩」と「奉公」の概念が強く根付いていたため、「清廉」な人格を育むことの重要性が、特に強調されました。

この儒教道徳に、神道の「清楚」という価値観が加わったことで、日本流の「清廉」が生まれたのでしょう。

日本では、中国を介して**伝わってきた**宗教や価値観は、仏教にしても儒教にしても、試行錯誤のなかで、神道と対立するものではなく、**共存する**ものとして受け入れられました。そして、日本独自の価値観と、外から持ち込まれた価値観が混ざり合う中で、日本人独特のものの考え方が育まれてきたのです。

「清廉」や「清楚」という考え方は、たとえば仏教での「禅」、そして侍の価値観でもある「武士道」などと混ざり合い、シンプルな中に美しさを求める発想を培ったのです。芸術の世界でみるならば、こう

- 청렴

청초라는 가치관에 **한층 더 깊이를 더한** 말이 청렴이라는 개념입니다.

청렴이라는 말의 뜻은 **사심**이 없이 맑은 심정입니다. 실제로 옛날부터 중국이나 일본에서는 유교 도덕 가운데 사심을 버리고 공적인 것을 위해 살아가는 것을 미덕으로 가르쳐왔습니다.

중국에 '**청렴결백**'이라는 숙어가 있는데, 그것은 사심이 없이 어떤 면에서도 부끄러울 것이 없는 공정함을 나타내는 말로 일본에서도 쓰입니다.

일본에 **유교적인 사고방식**이 전해진 것은 꽤 오랜 옛날인데, 특히 봉건시대에는 은혜와 봉공의 개념이 강하게 뿌리내리고 있었기 때문에 **청렴**한 인격 육성의 중요성이 더욱 강조되었습니다.

이 유교 도덕에 신도의 **청초**라는 가치관이 더해짐으로써 일본식의 **청렴**이 생겨난 겁니다.

일본은 중국을 통해 **전해진** 종교나 가치관은 불교든 유교든 시행착오 속에서 신도와 대립하는 요소가 아니라 **공존하는** 요소로 받아들였습니다. 그리고 일본 독자적인 가치관과 외부에서 들여온 가치관이 서로 뒤섞이는 가운데 일본인의 독특한 사고방식이 자라온 것입니다.

청렴이나 **청초**라는 사고방식은, 이를테면 불교에서의 선, 그리고 무사의 가치관인 **무사도** 등과도 한데 섞여 간단함 속에서 아름다움

した発想の**究極の表現**が、**石庭**などにみられるミニマリズムである
といっても過言ではないでしょう。

　シンプルな中に美を求める考え方は、日本人の生き方という価値
観から、芸術的な表現方法にまで、幅広く影響を与えていったので
す。(日本人の美の概念については13章を参照)

- **願**

　日本人は一般的に神社で神に自分の実利的な願いが**叶う**ようにお
祈りをします。

　たとえば、子供が試験に合格して、高校や大学に進学できるよう
に祈る人もいます。**商売が繁盛**するようにとか、個々人によって
様々な祈願をするのです。

　こうしたお願いを、真剣に行うことを「願をかける」といいます。
「願」とは、「禊」を行って自らを清め、時には自分の欲望を抑えて心
から穢れをはらい、神に対してお願いをする行為です。

　たとえば、お酒の好きな人は、「願」をかけている間は、お酒をやめ
るという行為で自分のお酒への欲求を抑えたりするのが一般です。

　神道を**強く信奉**し、山を歩き、滝にあたって自らを清める行為を
通して、修行を続ける人が昔から日本にはいました。彼らは仏教の
影響も受け、**経を読み**ながら、「禊」を行い、心身を鍛えて**悟り**をひ

을 추구하는 발상을 키웁니다. 예술 세계에서 보면 그러한 발상의 **궁극적인 표현**이 **돌로 꾸민 정원** 등에서 나타나는 미니멀리즘이라고 해도 과언이 아닐 겁니다.

단순함 속에서 미를 추구하는 사고방식은, 일본인의 생활 태도라는 가치관에서부터 예술적인 표현 방법에 이르기까지 폭넓게 영향을 미쳤습니다(일본인의 미 개념에 대해서는 제13장 참조).

▪ 소원

일본인은 일반적으로 신사에서 신에게 자신의 실리적인 바람이 **이루어**지길 기원합니다.

이를테면 아이가 시험에 합격해 고등학교나 대학교에 진학하기를 기원하는 사람이 있습니다. **장사가 번성**하길 바라는 등 개개인에 따라 여러 가지 기원을 합니다.

그러한 바람을 진심으로 행하는 것을 '소원을 빌다'라고 합니다. 소원이란 **목욕재계**를 하여 깨끗이 하고, 때로는 자신의 욕망을 억제하고 마음에서부터 더러움을 씻어내고 신에게 바라는 행위입니다.

예를 들면 애주가가 소원을 빌고 있는 동안은 술을 끊는 행위에서 술에 대한 욕구를 억누르거나 하는 것이 일반적입니다.

신도를 **극진히 신봉**해 산을 걷고 폭포수를 맞으며 자신을 깨끗이 하는 행위를 통해서 수행을 계속하는 사람들이 옛날부터 일본에는

らけるようにと「願」をかけます。

　そうした人たちからみた場合、「願」とは単なる利益を得るために「神」に祈るという行為を越えた、精神的な高みを求めるための真剣な行為で、その行為を通してこそ望みがかなえられるという考え方なのです。

　そして、「願」をかけて神に祈る行為を日本人は「祈願する」といいます。祈願とは「祈り、そして願う」という意味の熟語です。

▪ 大和魂

　第二次世界大戦中、日本人を**鼓舞する**ために盛んに語られた言葉が　この「大和魂」という言葉です。

　大和とは、古代の日本を示す言葉で、戦争中には**軍国主義**に利用され、この「大和魂」を強要された多くの若者が、戦いで命を落としてゆきました。

　元々、「大和魂」とは、神道に根ざした清らかさを根本に、自然と共にそこに宿る神々を大切にし、生活を整えてゆく精神を指す言葉でした。

　明治時代になり、神道が皇室の宗教として国家によって統率され、**国粋主義**と融合したとき、「大和魂」は日本人の強く優れた精神性を表現する言葉となり、以降この言葉は**国家威信**を強調するため

있었습니다. 그들은 불교의 영향도 받아 **불경을 외며** 목욕재계를 하고 심신을 단련시켜 **깨달음**을 얻고자 소원을 빕니다.

그러한 사람들의 입장에서 봤을 경우, 소원이란 단순히 이익을 얻기 위해 신에게 기도하는 행위를 넘어서 높은 정신적인 경지를 추구하기 위한 진정한 행위이고, 그 행위를 통해서야말로 바람이 이루어진다는 사고방식입니다.

그리고 일본인은 소원을 빌며 신에게 기도하는 행위를 '기원하다'라고 합니다. 기원은 '이루어지기를 빌고 바라다'라는 의미입니다.

- 일본 정신

제2차 세계대전 중에 일본인을 **고무시키기** 위해 유행한 말이 이 [야마토다마시]입니다.

[야마토]란 고대 일본을 가리키는 말로 전쟁 중 **군국주의**에 이용되었고, 이 일본 정신의 강요로 많은 젊은이가 전쟁에서 목숨을 잃었습니다.

원래 일본 정신이란, 신도에서 연유된 것으로 깨끗한 정신을 근본으로 자연과 더불어 거기에 깃든 신들을 소중히 여기고 생활해나가는 정신을 가리키는 말이었습니다.

메이지 시대에 이르러 신도가 황실의 종교로 확립되어 국가가 통솔하게 되었고, 일본 정신은 **국수주의**와 융합해 일본인의 강하고 뛰

に使われるようになったのです。そして最終的には、「大和魂」に「忠義」や「滅私奉公」の価値観が集約され、日本が**全体主義国家として**戦争へと傾斜していったのも事実です。

　確かに、神道は**日本独自の**宗教です。しかし、その**ルーツをたどれば**、アジア各地に残る**自然信仰**や、ヨーロッパの森林信仰などにも結びつく、世界的に共有できる宗教でもあったわけです。「大和魂」はそんな神道を大切にする日本人の精神を表す言葉だったのです。

어난 정신을 표현하는 말로 바뀌었으며, 이후에는 **국가 위신**을 강조하는 말로 쓰이게 되었습니다. 그리고 최종적으로 일본 정신에 **충의**와 '멸사봉공'의 가치관이 집약되면서 일본이 **전체주의 국가**로서 전쟁을 향해 치닫게 된 것도 사실입니다.

분명히 신도는 **일본 독자적인** 종교입니다. 그러나 그 **뿌리를 더듬어가면** 아시아 각지에 다수 존재하는 **자연 신앙**이나 유럽의 삼림 신앙과도 연결되는, 세계적으로 공유 가능한 종교이기도 합니다. 일본 정신은 그런 신도를 소중하게 여기는 일본인의 정신을 나타내는 말입니다.

9

仏

9

부처

■ 仏

　日本に仏教が伝わってきたのは7世紀の頃ではないかといわれています。

　以後、仏教は時には権力者**と結びつき**ました。後になると、権力者と結び権威となった仏教を批判する僧が出てきて、新しい信仰が生まれました。以来、仏教は民衆に広く伝搬してゆき、**多様な形で**受け入れられていったのです。

　「仏」という概念も、初期の仏教のように仏陀その人と深く結びついたイメージから、様々な流派が発展してゆく過程で、より人の**苦しみ**を救済する「神」のようなイメージに**置き換えられてい**きました。

　また、それと共に、「禅」のように修行を通じて自らの中に「仏」を見いだすという**内省的なもの**から、ひたすら**念仏を唱え**、そのことによって**来世での救済**を期待するというものまで、信仰の方法も多様に変化してきたのです。

　さらに、日本古来の神道とも融合して、共に信仰の対象となったのも日本の仏教の特徴といえそうです。

　神道には、**来世**に対するイメージが弱く、自然界に宿る様々な神を信仰し、そこからのご利益はむしろ**現世**に対するものでした。そんな日本人に来世観を与えたのが仏教なのです。

　もともとインドに生まれ、中国を通して日本に伝わってきた仏教

- 부처

일본에 불교가 전해진 것은 7세기경으로 일컬어집니다.

이후 불교는 때로 권력자**와 결탁했습니다.** 시간이 지나자 권력자와 결탁해 권위적으로 변한 불교를 비판하는 승려가 속출해 새로운 신앙이 생겨났습니다. 이래로 불교는 민중 사이에 넓게 전파되어 **다양한 형태로** 받아들여졌습니다.

부처라는 개념은 초기의 불교처럼 석가모니 본인과 깊이 결합된 이미지에서 시작해 여러 가지 유파가 발전되어가는 과정에서 한층 더 사람들의 **고통**을 구제하는 신과 같은 이미지로 **대체되**었습니다.

또 그와 더불어 **선**과 같이 수행을 통해 자신 안에 **부처**를 찾아내는 **내성적인 형태**에서 오로지 **염불을 외고** 그렇게 함으로써 **내세에서 구제** 받기를 바라는 형태까지 신앙의 방법도 다양하게 변화해왔습니다.

더 나아가 일본 고래의 신도와 융합하여 양쪽 모두 신앙의 대상으로 삼는 점도 일본 불교의 특징이라고 할 수 있을 겁니다.

신도는 **내세**에 대한 이미지가 약하고 자연계에 깃들어 있는 여러 가지 신을 믿으며 그로부터 얻는 효험은 차라리 **현세**적인 것이었습니다. 그러한 일본인에게 내세관을 심어준 것이 불교입니다.

원래 인도에서 생겨나 중국을 거쳐 일본에 전해진 불교이지만 현재 우리가 일본에서 볼 수 있는 불교의 대부분이 일본인의 독자적인 종교관에 의해 변화해온 일본 특유의 불교인 점은 흥미진진하다고

ですが、現在我々が日本で目にする仏教のほとんどが、日本人独自の宗教観によって変化してきた、日本ならではの仏教となっている点は、興味深いことであるといえそうです。

- **自力と他力**

　「禅」のように、自らが行う修行を通して**信仰を深めて**ゆこうという考え方を「自力」といいます。

　それに対して、ただひたすら**念仏を唱える**ことによって、来世での救済が約束されているというのが「他力」という考え方です。

　「他力」の発想は、より多くの人を救済しようとする**大乗仏教**の流れによるものといわれています。

　特に平安時代には**阿弥陀信仰**が広まり、貧困や病苦、そして戦乱に苦しむ民衆へと受け入れられてゆきました。念仏を唱えれば、阿弥陀仏によって死後、極楽に迎えられるという考え方で、この信仰を**抱く**人々の輪は、16世紀には大衆運動へと発展し、**為政者**をも脅かしてきたのです。

　一方、禅宗のように「自力」を重んじる考え方は、武士などの支配階級に拡大してゆきます。

　このようにして、「自力」と「他力」という二つの発想は、日本の風土の中で、「自力」の禅と「他力」の浄土宗、あるいは浄土真宗として

할 수 있습니다.

· 자력과 타력

선과 같이 자신이 행한 수행을 통해서 **신앙을 돈독히** 해나가는 사고방식을 **자력**이라고 합니다.

거기에 비하여 그저 오로지 **염불을 욈**으로써 내세에 대한 구제를 약속 받는 것이 **타력**이라는 사고방식입니다.

타력의 발상은 좀 더 많은 사람을 구제하고자 하는 **대승불교**에서 온 것이라고 일컬어집니다.

특히 헤이안 시대에는 **아미타 신앙**이 퍼져 나가 빈곤과 병고, 그리고 전란으로 고통 받는 민중 속으로 파고들어 갔습니다. 염불을 외면 아미타불에 의해 사후에 극락에 갈 수 있다는 사고방식이며, 이 신앙을 **믿는** 사람들의 무리가 16세기에는 대중운동으로 발전해 **위정자**를 위협했습니다.

한편, 선종과 같이 **자력**을 중시하는 사고방식은 무사 등의 지배계급으로 확대됩니다.

이렇게 해서 **자력과 타력**이라고 하는 두 가지 발상은 일본 풍토 속에서 **자력**의 선종과 **타력**의 정토종 또는 정토진종으로 육성되어 갔습니다.

현재에도 **자력**과 **타력**이라는 말은 자주 쓰입니다. '남에게 의존

育っていったのです。

　現在でも「自力」、そして「他力」という言葉はよく用いられます。「人に頼らず、仕事は自力で開拓しなければ」といったように、宗教**とは離れた**次元でこうした、言葉が使用されているのです。

- **あの世**

　仏教での死後の世界、すなわち来世のことを、人々は**俗語で**「あの世」といいます。「因果」の項目でも解説しますが(第十章)、人はこの世での行いをよくすれば、「あの世」では**極楽**にゆくことができ、またよき人として生まれ変わるとされています。

　仏教が時代とともに日本で変化し、哲学としての仏教から信仰としての仏教へと変化する中で、この「あの世」の発想が大きく強調されてきました。

　それが、前項で紹介した「他力」の考え方と関係しながら、浄土宗、浄土真宗、そして日蓮宗といった新しい宗教運動へと発展し、現代に至っているのです。

　「あの世」があるということは、人々が現世で苦しんだり失敗したりする上での**保証**であり、救いであるといえましょう。そして、「あの世」があるということは、人に魂があり、死後も霊魂となってその人が存在することを意味します。

하지 않고 일은 자력으로 개척해야지'와 같이 종교**와는 동떨어진** 차원에서 이런 표현이 사용됩니다.

▪ 저승

　사람들은 불교에서 사후의 세계, 즉 내세를 **속어**로 저승이라고 합니다. 인과의 항목에서도 해설하지만(제10장), 사람은 이승에서 바르게 살면 **저승**에서는 **극락**에 갈 수 있고, 또 귀한 사람으로 다시 태어난다고 합니다.

　일본에서는 불교가 시대와 더불어 변화해, 철학으로서의 불교에서 신앙으로서의 불교로 변화하는 가운데 이러한 저승의 발상이 크게 강조되었습니다.

　그것이 앞서 항목에서 소개한 **타력**의 사고방식과 이어져 정토종, 정토진종, 그리고 일련종이라는 새로운 종교운동으로 발전해 현대에 이르게 되었습니다.

　저승이 있다는 것은 사람들이 현세에서 힘들거나 실패한 데 대한 **보증**이고, 구원이라고 할 수 있을 겁니다. 그리고 저승이 있다는 것은 사람에게 혼이 있고 사후에도 영혼이 되어 그 사람이 존재함을 의미합니다.

　그것이 일본에서 **장례**나 그 후에 죽은 자의 넋을 달래는 여러 가지 의식으로 발전해왔습니다.

> 「成仏」は、「人は死ねば仏になる」というある意味で日本独特の発想。「悟る」ための修行とは関係なく、皆「成仏」できるという「他力」の発想がそこにみえている。

　それが、日本での**葬儀**やその後の死者を弔う様々な儀式へと発展していったのです。

　日本でよく語られる**怪談話**の特徴は、そうした霊魂が現世に対する恨みや**執着**が強く、「あの世」に旅立てず、幽霊となって現れるというテーマです。

　たとえば、理不尽に殺された人が、殺人者の前に恨みをもって幽霊として現れるわけですが、その殺人者が処罰されたり、幽霊に悩まされて自殺したりした場合、幽霊となった霊魂は、安心して「あの世」に旅立ちます。

　そのことを俗語では「**成仏する**」というのです。すなわち、**恨み**や**執着**を捨てて、やっと「仏」の境地になって「あの世」、すなわち極楽に旅立ったというわけです。

- もの哀れ

　仏教は、人の死を見つめる宗教でもあります。したがって、そこには**儚い人生**へのセンチメンタリズムが含まれています。

　元来、仏教は、人や宇宙の移り行く姿を捉え、自らの欲望を抑え

일본에서 자주 입에 오르내리는 **괴담**의 특징은 그러한 영혼이 현세에 대해 원한이나 **집착**이 강해서 **저승**으로 떠나지 않고 유령이 되어 나타난다는 점입니다.

이를테면 부당하게 살해 당한 사람이 살인자 앞에 원한을 품고 유령으로 나타나는데, 그 살인자가 처벌 받거나 유령에 홀려 자살한 경우에 유령이 된 영혼은 안심하고 **저승**으로 떠납니다.

그 일을 속어로 '**성불하다**'라고 합니다. 즉, **원한**이나 **집착**을 버리고 마침내 **부처**의 경지에 이르러 **저승**, 즉 극락에 갔다는 말입니다.

- 애상

불교는 사람의 죽음을 지켜보는 종교이기도 합니다. 그러므로 거기에는 **덧없는 인생**에 대한 감상주의가 포함되어 있습니다.

원래 불교는 사람과 우주의 변해가는 모습을 파악하고 자신의 욕망을 억제하며 자연의 모습으로 마음을 되돌리는 **자성적인** 종교이자 철학이었습니다.

그것이 일본에 전래되어 중세의 모순 가득한 현세를 만나 사람들이 내세에 구원을 바라는 감상주의로 변화해갔습니다.

て自然な姿に心を戻してゆく**自省的な**宗教であり、哲学でした。

　それが日本に伝来し、中世の矛盾の多い現世にあって、人々が来世に救いを求めるセンチメンタリズムへと変化してゆきました。

　たとえば、桜は春ほんの数日間花を咲かせ、あっという間に**散ってしまいます**。この**移ろい**の中に美学を見いだしたのが、「ものの哀れ」という美意識です。

　人も、いつ死を迎えるか予想できません。特に昔は、子供でも大人でも、あっけなく「あの世」に旅立ちます。それは桜と同じように哀れなもので、人の儚い人生に「ものの哀れ」という美学を見出したのです。

　平安時代以降、「ものの哀れ」という発想は文芸作品などに多くみられるようになりました。それが仏教での「他力」の発想と**影響を与え**合い、より宗教的な情緒へと変わっていったのです。

　「ものの哀れ」は、日本人の美意識の奥にあって、現在でも多くの人が感じるセンチメンタリズムです。

　人は儚い存在であるがゆえに、お互いにその悲しみを癒し合うことは、「情」の価値観にも通じるものといえましょう。

・ 無常

　「ものの哀れ」が**美学的な発想**であるとするならば、それを仏教の

이를테면 벚꽃은 봄날 겨우 수일간 꽃을 피우고 이내 **지고 맙니다**. 이 **변화** 속에서 미학을 찾아낸 것이 애상이라는 미의식입니다.

사람도 언제 죽음을 맞을지 예상할 수 없습니다. 특히 옛날에는 아이도 어른도 허무하게 **저승**으로 떠났습니다. 그것은 벚꽃이 지는 것과 마찬가지로 애처로운 일이기에 사람의 덧없는 인생에서 **애상**이라는 미학을 발견해낸 것입니다.

헤이안 시대 이후, 애상이라는 발상은 문예 작품 등에 많이 보입니다. 그것이 불교에서의 **타력**의 발상과 **영향을 주고받으며**, 좀 더 종교적인 정서로 바뀌어갔습니다.

애상은 일본인의 미의식 깊은 곳에 있어 현재도 많은 사람이 느끼는 감상주의입니다.

사람은 덧없는 존재이므로 서로 그 비애를 달래주는 것은 **정의** 가치관과도 상통하는 것이라 할 수 있겠지요.

▪ 무상

애상이 **미학적인 발상**이라고 한다면, 이를 불교의 시점에서 본 개념이 무상이라는 사고방식입니다.

모든 것은 늘 변화하고 태어난 자는 반드시 죽는다. 그리고 **영화** 도 언젠가는 반드시 **쇠퇴**하고, 언제나 똑같은 상태를 유지하는 것은 이 세상에 없다는 것이 **무상**의 사고방식입니다.

視点からみた概念が「無常」という考え方です。

　すべてのものは常に変化し、生まれた者は必ず死ぬ。そして**栄華**もいつか必ず**衰退**し、常に同じ状態を保つものはこの世にはないというのが、「無常」の考え方です。

　ある意味で、これは仏教において仏陀が最初に抱いた悲しみであり、「無常」を感じることから、仏陀が**涅槃**にいたる足跡がはじまります。

　日本では、そこに「ものの哀れ」で示したセンチメンタリズムが付加されていったのです。

　中世の叙事詩として有名な「**平家物語**」は、琵琶を奏でる法師によって全国に広められました。「**諸行無常**」という言葉が、その叙事詩の冒頭に語られています。これは「無常」という概念をより具体的に示した言葉で、この叙事詩では平家という12世紀後半に栄華を極めた一族が、ライバルの源氏に滅ぼされてゆく様子が語られています。「**栄える者もかならず滅びる**」と、叙事詩では語っているのです。

　そして仏教の宗派の中には、「無常」であるが故に、阿弥陀仏を拝み、ひたすら念仏を唱えることで、苦しみのない来世へと迎えられると説く「他力」の宗派が生まれたのです。

어떤 의미에서, 이것은 불교에서 석가모니가 처음으로 품었던 슬픔이고, **무상**을 느끼는 데서 석가모니가 **열반**에 이르는 족적이 시작됩니다.

일본에서는 거기에 애상으로 나타난 감상주의가 가미되어 갔습니다.

중세 서사시로 유명한 [**헤이케 모노가타리**]는, 비파를 연주하는 승려에 의해 널리 퍼져 나갔습니다. '**제행무상**'이라는 말이, 그 서사시의 첫머리에 나옵니다. 이것은 무상이라는 개념을 좀 더 구체적으로 나타낸 말로 이 서사시에는 12세기 후반에 최고의 영화를 누렸던 헤이케라는 일족이 라이벌인 겐지에게 멸망 당해 가는 모습이 그려져 있습니다. 서사시에서는 '**번영하는 자도 반드시 멸한다**'라고 노래하고 있습니다.

그리고 불교의 종파 가운데는 **무상**하기 때문에 아미타불에게 합장배례하고 오로지 염불을 욈으로써 고통이 없는 내세를 맞을 수 있다고 설파하는 **타력**의 종파가 생겨났습니다.

▪ 悟り

「諸行無常」を理解し、物事が起こり、変化する連鎖を見つめ、その連鎖の原因となる憎しみや欲望を絶つことによって、仏陀の境地へと至ることを「悟り」といいます。

「他力」を唱える宗派では、ただひたすら念仏を唱えることで、阿弥陀仏が降りてきて人々を引き上げてくれると信じます。

逆に、「自力」を唱える宗派では、様々な**修行**や**瞑想**を繰り返し、仏の心を体得しようと試みます。

天台宗の本山である比叡山には、千日回峰行という**荒行**があります。**行者**は1000日にわたり比叡山や京都を毎日30キロから多いときは80キロ歩いて巡ります。そして700日目にある堂入りでは、堂の中で7日半飲まず食わず、眠らず、座らずの状態で**お経を読み**、毎晩谷底の**水を汲ん**で堂内の不動明王に備えるという行をこなさなければなりません。

こうして行を終えた人は大阿闍梨と呼ばれ、**京都御所にも土足で**参内できる特権を得ることができます。

「悟り」を開くというのは、仏教徒にとっての共通の願いであこがれかもしれません。

日本人の間にも、そのあこがれは静かに受け継がれ、今も多くの日本人の**心の支え**の一つとなっているようです。

- 깨달음

'제행무상'을 이해하고, 어떤 일이 일어나 변화하는 연쇄 과정을 지켜보면서 그 연쇄의 원인이 되는 미움과 욕망을 끊음으로써 석가모니의 경지에 이르는 것을 **깨달음**이라고 합니다.

타력을 주창하는 종파에서는 그저 오로지 염불을 욈으로써 아미타불이 강림해 사람들을 끌어올려 줄 것이라고 믿습니다.

반대로 **자력**을 주창하는 종파에서는 갖가지 **수행**과 **명상**을 되풀이하며 부처의 마음을 체득하고자 시도합니다.

천태종의 본산인 히에이잔에는 천일회봉행이라는 **고행**이 있습니다. **행자**는 1,000일에 걸쳐 히에이잔과 교토를 매일 30킬로미터에서, 많이 걸을 때는 80킬로미터까지 순례합니다. 그리고 700일째의 수행 과정인 불당 들기에서는 불당 안에서 일주일 반나절 동안 먹지도 마시지도 눈을 붙이지도 않지도 않는 상태에서 **불경을 외고** 매일 밤 골짜기 깊은 곳에서 **물을 길어다** 불당 내의 부동명왕에 대비한 수행을 해야 합니다.

이러한 수행을 끝낸 사람은 대아사리라고 불리며 **교토고쇼**(교토의 옛 궁궐)에도 **신발을 벗지 않고** 참내할 수 있는 특권을 얻습니다.

깨달음을 얻는다는 말은 불교도에게 공통된 바람이고 동경일지 모릅니다.

일본인 사이에도 이 동경은 조용히 계승되어, 지금도 많은 일본인에게 **마음의 기둥** 가운데 하나를 이루고 있는 듯합니다.

- 禅

　日本の「禅」は、海外で最も広く受け入れられた仏教の宗派の一つといえましょう。

　鎌倉時代に中国から日本に伝わったとされる「禅」は、公案と呼ばれる師匠と弟子との**問答**を中心に修行をする臨済宗と、ひたすら座禅をする曹洞宗を中心に、全国に広がりました。

　座禅という瞑想を繰り返しながら、**自らを見つめ**、そこに「仏」に通じる仏性を見いだそうとする「禅」の行為は、「仏」と**対峙する**というよりも、瞑想を通して自らと向き合う宗教として、日本では特に**精神鍛錬**を日課とした武士階級に支持されてきました。

　「禅」は、日本文化にも様々な影響を与えてきました。

　質素で簡潔な生活習慣をよしとする「禅」の考え方に基づいて造られる禅寺にはじまり、そこでの作庭術や、茶道のたしなみ、さらには武術や武士の生活規範に至るまで、「禅」の影響をみることができます。

　ある意味で、今までみてきた日本人の価値観の中に、「禅」が見え隠れすることも否めません。たとえば、**雄弁であるより寡黙であることをよしとする**価値観や、自らの欲望を抑え、人に対応するコミュニケーションスタイルなども、「和」という日本人の基本的な価値観は、従来から日本にはあったにせよ、そこに「禅」の発想が加わることで、醸成されていったのではないでしょうか。

- 선

일본의 선은, 해외에서 가장 널리 받아들여진 불교 종파의 하나라고 할 수 있을 겁니다.

가마쿠라 시대에 중국에서 일본으로 전해졌다는 선은, 공안이라고 불리는 스승과 제자의 **문답**을 중심으로 수행하는 임제종과 오로지 좌선하는 조동종을 중심으로 전국에 퍼져 나갔습니다.

좌선이라는 명상을 되풀이하면서 **자신을 되돌아보고** 거기에 부처로 통하는 불성을 발견하고자 하는 선의 행동은, 부처와 **대립되기**보다 명상을 통해 자신과 마주하는 종교로서 일본에서는 특히 **정신단련**을 일과로 삼는 무사 계급이 즐겨왔습니다.

선은 일본 문화에도 여러 가지 영향을 끼쳤습니다.

검소하고 간결한 생활 습관을 선호하는 선의 사고방식에 근거해 만들어진 선사를 비롯해 정원을 만드는 기술이나 다도의 몸가짐, 나아가 무술과 무사의 생활 규범에 이르기까지 선의 영향을 볼 수 있습니다.

어떤 의미에서 지금까지 보아온 일본인의 가치관 속에 선이 보일 듯 말 듯 내재되어 있는 것도 부정할 수 없습니다. 예를 들면 **웅변보다는 과묵을 선호하는** 가치관이나 자신의 욕망을 억제하고 남을 대하는 의사소통 방식 등의 **조화**라고 하는 일본인의 기본적인 가치관은 이전부터 일본에 있었다고 해도, 거기에 선의 발상이 가미됨으로써 양성되어간 것은 아닐까 합니다.

禅宗が支配階級の道徳律の背骨として**浸透して**ゆくなかで、宗派の違いを乗り越えて、禅的な発想法を日本人が好んで、自らの生活規範の中に取り込んできたのです。

- **煩悩**

　人間が持つ様々な欲望のことを仏教では「煩悩」と呼びます。

　物欲、性欲、食欲、権勢欲など、煩悩には108種類あるといわれています。

　除夜の鐘という儀式が日本にあります。大晦日に寺院が108回鐘を鳴らして、この「煩悩」を清めようとするのです。

　仏教では、常にこうした「煩悩」をどのように**克服し**、「悟り」へと至るのかが課題となります。

　仏陀自身、長い間瞑想を続ける中で、自らを苛む煩悩と戦い、最終的にそれを克服して「悟り」の境地、すなわち**涅槃に至った**といわれています。

　涅槃の状態を「寂静」と呼ぶように、それは「煩悩」によって心が騒ぐ状態を脱した、**何もない静かな状態**を指しています。

　日本では、静けさを静寂という言葉で現しますが、それもこの「寂静」からきている熟語です。

　日本人は「煩悩」という言葉をよく使い、「いやいや煩悩が多くて

선종이 지배계급의 도덕률의 주축으로 **침투해**나가는 가운데, 종파의 차이를 뛰어넘어 일본인이 선종적인 발상법을 선호해 자신의 생활 규범 속에 끌어들여 왔던 것입니다.

- 번뇌

인간의 갖가지 욕망을 불교에서는 **번뇌**라고 부릅니다.

번뇌에는 물욕, 성욕, 식욕, 권세욕 등 108종류가 있다고 합니다.

일본에는 **제야의 종**을 치는 의식이 있습니다. 섣달 그믐날에 사원에서 108번 종을 울려, 이 번뇌를 씻어내고자 하는 것입니다.

불교에서는 늘 이러한 번뇌를 어떻게 **극복하고** 깨달음에 이를 것인가가 과제입니다.

석가모니는 그 스스로 오랫동안 명상을 계속하는 가운데 자신을 괴롭히는 번뇌와 싸워 최종적으로 그것을 극복하고 **깨달음**의 경지, 즉 **열반에 이르렀다**고 전해집니다.

열반의 상태를 '적정'이라고 하며, 이는 **번뇌**로 마음이 어수선한 상태를 탈피해 **아무것도 없는 조용한 상태**를 가리킵니다.

일본에서는 고요함을 정적이라고 표현하는데 그것도 이 '적정'에서 온 단어입니다.

일본인은 **번뇌**라는 말을 자주 쓰는데, '애고 애고, 번뇌가 많아서 말이야'라고 하면 걱정거리나 뭔가에 대한 집착 때문에 힘듦을 나타

ね」といえば、心配事や何かへの執着があって困っていることを示します。

　そんなとき、日本人はふとお寺巡りをしに京都に行ったり、人によっては四国八十八箇所というお寺巡りの巡礼をしたりしながら、自分を見つめ直そうと試みるのです。

- 空<ruby>空<rt>くう</rt></ruby>

　空気の項で、「空」という漢字の意味するところはすでに説明していますが、ここでは、仏教における「空」とはなにかを見つめたいと思います。

　「空」とは、何もない状態、からっぽの状態を示します。「空」は、「虚空」という熟語によって、非常に小さな状態を示す言葉にもなります。それは、自我を限りなく小さくし、捨てることにより、自らの中に**仏性**を見いだそうとする仏教の根本的な考え方に通じる概念なのです。

　「虚空」というきわめて小さい単位から、さらに**無限**に近く縮小し

仏教での涅槃を意味するNirvanaはもともとサンスクリット語が英語になったもの。これは全ての煩悩を吹き消して悟りを開いた状態を示し、同時に釈迦の入滅(死)も意味する。

냅니다.

그럴 때 일본인은 돌연 사찰 순례를 위해 교토로 떠나기도 하고 사람에 따라서는 시코쿠 88개소 사찰 순례를 돌며 자신을 다시 되돌아보려고 시도하는 것입니다.

▪ 공

공기의 항목에서 '공(空)'이라는 한자가 의미하는 바는 이미 설명했지만 여기에서는 불교에서 쓰이는 공이란 무엇인가를 살펴보고자 합니다.

공이란 아무것도 없는 상태, 텅 빈 상태를 나타냅니다. 공은 '허공'이라는 단어로 쓰일 때 매우 작은 상태를 의미하기도 합니다. 그것은 자아를 한없이 작게 해서 비움으로써 자신 안에서 **불성**을 찾아내려고 하는, 불교의 근본적인 사고방식으로 통하는 개념입니다.

'허공'이라고 하는 극히 작은 단위에서 더 나아가 **무한에** 가깝게 축소시켜 나가면 **열반적정**이라는 최소 단위에 도달합니다. 이것은 동양에서 실제로 **수학 단위**인 동시에 불교에서 말하는 고요히 깨달

불교에서 열반을 의미하는 '니르바나(Nirvana)'는 원래 산스크리트어가 영어로 된 것이다. 이것은 모든 번뇌를 잠재우고 깨달음을 얻은 상태를 나타내며 동시에 석가모니의 입적(죽음)도 의미한다.

てゆくと、そこに**涅槃寂静**という最小の単位に到達します。これは東洋での実際の**数字の単位**であると同時に、仏教でいう静かに悟った状態をも示します。

　現代の物質文明では、生活を豊かにし、欲望を満たすことが肯定され、精神の自由は豊かさによって獲得できるものとされています。ここに記す「空」は、それとは全く逆を示し、欲望を深めれば深めるほど、渇きは増してゆくと説いています。

　日本も**資本主義国**で、人々は金銭欲や物欲に体ごとつかっています。そして、確かに高度に発展した現代社会の中で、人々は精神的な疲れや渇きを抱いているのも事実でしょう。

　そんな日本において、人々は**心の奥底に**、こうした「空」への渇望、そして美意識を今なお抱いています。

　禅寺の簡素な庭を見るとき、どことなく**安らぎを覚える**日本人は数多くいるはずです。

・ 無

　「無」と「空」とは非常に似た概念です。

　仏教では、**絶対的なものは存在せず**、全てに**原因**と**結果**があると説きます。したがって原因がなければ結果はなく、欲望がなければ、悩みは存在しなくなります。そうした**因果関係**を越えて、いっ

은 상태를 나타냅니다.

현대의 물질문명에서는 생활을 풍요롭게 하고 욕망을 채우는 일이 인정되며, 정신적 자유는 풍요로움에 의해 획득 가능한 것이라고 봅니다. 여기에서의 **공**은 그것과는 정반대를 나타내며 욕망이 깊으면 깊을수록 갈증은 더해간다고 설명하고 있습니다.

일본도 **자본주의 국가**이고, 사람들은 금전욕과 물욕에 혼신을 다합니다. 그리고 고도로 발전한 현대사회 속에서 사람들이 정신적인 피로나 갈증을 느끼는 것도 분명 사실일 겁니다.

그러한 일본에서, 사람들은 **마음속 깊이** 이러한 공에 대한 갈망과 미의식을 지금도 가슴에 품고 있습니다.

선사에 있는 간소한 정원을 볼 때 왠지 **평온함을 느끼는** 일본인은 수도 없이 많을 겁니다.

• 무

무와 공은 매우 비슷한 개념입니다.

불교에서는 **절대적인 것**은 존재하지 않으며 모든 것에 **원인과 결과**가 있다고 설명합니다. 따라서 원인이 없으면 결과가 없고 욕망이 없으면 고민은 존재하지 않게 됩니다. 그러한 **인과관계**를 초월하여 일절 아무것도 없는 상태에 자신을 두는 것이 깨달음인 이상 **무**라는 사고방식은 불교의 근본을 나타내는 개념이라고 할 수 있을 듯합니

さい何も無い状態に自分をおくことが「悟り」である以上、「無」という考え方は、仏教の根本を示す概念といえそうです。この哲学的なものの見方は、実は日本人の行動様式**にも大きな影響を与えて**きました。

「無」に至る最初の入り口は、**相対的、客観的**に物事をみることです。

それは、自分からの発想のみではなく、相手が何を望んでいるかを知ることで、人と人との交わりから生まれる因果関係を理解することを意味します。

この発想は、「和」の原理を持つ日本人には受け入れやすいものでした。自らの欲求を抑え、相手の意図を尊重しようという行動原理と、「無」へのアプローチが日本人のコミュニケーションスタイルに相乗効果を生み出すのです。

これが、「遠慮」の価値観にも影響され、日本人**独特**の会話方法となりました。そして、これが自らのニーズをしっかりと伝えるべきとする欧米人との間の誤解を招くことも多いようです。

「無」とは、どこにも中心がない状態です。

すなわち、自分の欲求が中心ではなく、そこには必ず相手の望みという別の軸も存在しているわけです。

究極の「無」とは、そうした欲求自体のない静かな状態に自らをおくことで、人へも救いを与える平安な状態が成立するという理想とつながるのです。

다. 이 철학적 견해는 실제로 일본인의 행동 양식**에도 큰 영향을 주었습니다.**

무에 이르기 위한 첫 번째 입구는 **상대적·객관적**으로 사물을 보는 것입니다.

그것은 자신에게서 우러나온 발상뿐 아니라 상대가 무엇을 바라는지를 앎으로써 사람과 사람의 교제에서 일어나는 인과관계를 이해하는 것을 의미합니다.

이 발상은 **조화**의 원리를 아는 일본인은 받아들이기 쉬웠습니다. 자신의 욕구를 누르고 상대의 의도를 존중하고자 하는 행동 원리와 무를 향한 접근 방법이 일본인의 의사소통 방식에 상승효과를 낳게 한 것입니다.

이것은 **삼가기**의 가치관으로부터도 영향을 받아 일본인의 **독특한** 대화 방법을 형성했습니다. 그리고 이것이 자신의 요구를 잘 전달해야 하는 서구인과의 사이에 오해를 초래하는 일도 많을 것입니다.

무란 어디에도 중심이 없는 상태입니다.

즉, 자신의 욕구 중심이 아니라 거기에는 반드시 상대의 바람이라는 다른 축도 존재합니다.

궁극의 **무**란, 그러한 욕구 자체가 없는 고요한 상태에 자신을 두는 것이며, 남에게도 구제를 안겨주는 편안한 상태가 성립한다는 이상과 연결되는 겁니다.

10

縁

- ・縁
- ・仏縁
- ・輪廻
- ・因果
- ・無縁

10

인연

▪ 縁

　「縁」とは、人と人との出会いや離別からできる人間関係、そしてそこで培われるつながりを指す言葉です。

　「縁」とは仏教で使われる言葉でもあり、仏によって結びつけられる人と人との関係を意味します。

　「袖触れ合うも他生の縁」という言葉が日本にはあり、それは、ちょっとした出会いでも大切にしなければという意味を含んでいます。相手に敬意を払い、相手と最大限の「和」を保ってゆくことが、「縁」が求める理想です。

　残念ながら、そうした考え方は、現代のビジネス文化の中では廃れつつあります。しかし、日本人が今なお、深い人間関係を求めようとしている傾向があることも事実です。ビジネスでも、お互いによく知り合うために食事やお酒を共にしたり、時にはプライベートな質問をしたりする背景には、こうした「縁」を大切にしようという伝統があるのです。

　また、「縁」には人の力ではどうしようもない定（さだめ）が作用していると仏教では教えます。

　昔から、人に良くすれば、それは必ず自分の未来、また遠い将来

縁は関係以外にも運命という言葉に置き換えることもできる。縁には人間関係に起因するものと、運命による出会いという2つの意味があるためだ。

- 인연

인연이란, 사람과 사람의 만남과 이별로 생긴 인간관계, 그리고 거기에서 비롯된 관계를 가리키는 말입니다.

인연이란 불교에서 사용되는 말이기도 하며, 부처에 의해 맺어진 사람과 사람의 관계를 의미합니다.

'소매만 서로 스쳐도 전생의 인연'이라는 말이 일본에 있는데, 그것은 사사로운 만남이라도 소중히 해야 한다는 의미를 내포하고 있습니다. 상대에게 경의를 표하고 상대와 최대한 **조화**를 지켜나가는 것이 인연이 추구하는 이상입니다.

유감스럽지만 그러한 사고방식은 현대 비즈니스 문화 속에서는 쇠퇴하고 있습니다. 그러나 일본인이 지금도 깊은 인간관계를 추구하려는 경향이 있는 것 또한 사실입니다. 비즈니스에서도 서로를 잘 알기 위해 식사나 술을 함께하고 때로는 개인적인 질문을 하는 배경에는 이러한 **인연**을 소중히 여기고자 하는 전통이 있습니다.

또 **인연**에는 사람의 힘으로는 어떻게 할 수 없는 운명이 작용한다고 불교에서는 가르칩니다.

옛날부터 남에게 잘하면 그것은 반드시 자신의 미래나 먼 장래에 다시 태어난 자신에게 되돌아온다는 발상이 있어, 과거나 전생의 소

인연은 관계 외에도 운명이라는 말로 대체될 수 있다. 인연에는 인간관계에 기인한 것과 운명에 의한 만남이라는 두 가지 의미가 있기 때문이다.

生まれ変わった自分に返ってくるという発想があり、過去、あるいは前世の所行によって導かれる人との出会いや関係が「縁」という言葉で表されるのです。

「縁」は、人との関係を大切にしなければならないという、仏教によって生み出された倫理であり、道徳的な概念ともいえるのです。

- ### 仏縁

「仏縁」は、次項で説明する「輪廻」という仏教の教えとも**深く関わった**概念です。

自らの運命は、前世での行いに大きく左右されていると仏教では教えます。それが「縁」という考え方から育まれる**倫理観**となっていることは、「縁」の項目で既に解説しました。

「仏縁」とは、自分がすでに忘れた前世や遠い過去での行いがもとで、その人に予定された人との出会いであり、そこで発展する人や社会との関係を意味しています。それは、個人の努力によっては変えられない、ある種の運命**といっても過言ではありません**。

「仏縁」という考え方が因習となり、封建時代のみならず、つい最近まで、日本社会での**差別**の原因ともなっていたこともここで強調しなければなりません。すなわち、体が不自由であったり、身分が低く卑しいとされていた人間は、その過去の**行い**に問題があったと

행에 따라서 나타나는 사람과의 만남이나 관계가 **인연**이라는 말로
표현됩니다.

　인연은 사람과의 관계를 소중히 해야 한다는, 불교가 낳은 윤리이
자 도덕적인 개념이라고 할 수 있습니다.

- 불연

　불연이란, 다음 항목에서 설명하는 윤회라는 불교의 가르침과도
깊은 관련이 있는 개념입니다.

　불교에서는 자신의 운명이 전생에 행한 일에 따라 크게 좌우된다
고 가르칩니다. 그것이 인연이라는 사고방식에서 생겨나 **윤리관**을
형성하게 된 경위는 인연의 항목에서 이미 해설했습니다.

　불연이란 자신이 이미 잊은 전생이나 먼 과거에 한 일을 토대로
그 사람에게 어떤 사람과의 만남이 예정되어 있고 그로부터 발전하
는 사람이나 사회와의 관계를 의미합니다. 그것은 개인의 노력에
의해서는 변하지 않는 일종의 운명**이라고 해도 과언이 아닙니다**.

　불연이라는 사고방식이 인습이 되어, 봉건시대뿐 아니라 바로 최
근까지 일본 사회의 **차별**의 원인이 되었던 점도 여기서 강조되어야
합니다. 즉, 몸이 부자유스럽거나 신분이 낮아 천시 받아온 사람은
그가 과거에 **한 일**이 문제가 있었다고 하여 편견의 대상이 되었기
때문입니다.

して、偏見の対象となっていたからです。

　残念ながら、全ての価値観には良い面と悪い面とがあります。

　「仏縁」が善行を行うべきであるという考え方を育む一方で、差別の原因ともなったことの背景には、厳しい**身分制度**のあった封建時代に、その制度を維持する道具として、「仏縁」が利用されてきたことに起因します。

　そして、この考え方は、今でも日本人の心理に影響を与えています。たとえば会社を解雇されたり、上司から不当に扱われても、日本人は欧米ほど激しく争わないようですが、その背景には、こうした運命論による諦めという感覚が、長年にわたって日本人の中に培われてきたからかもしれなのです。

- 輪廻

　「仏縁」という考え方と直接つながる概念が「輪廻」です。

　生きるものは全て宇宙の定め、そして「仏」の定めに従って、様々な生き物に生まれ変わり、**生死を繰り返してゆく**という考え方が「輪廻」の考え方です。

　仏教のふるさとであるインドなどでも、この考え方は古くから人々に影響を与えてきました。そして、「輪廻」という概念は仏教の伝来と共に、日本にも深く根をおろしたのです。

유감스럽지만 모든 가치관에는 좋은 면과 나쁜 면이 있습니다.

불연이 선행을 해야 한다는 사고방식을 키워주는 한편, 차별의 원인이 된 배경에는 엄격한 **신분제도**가 존재했던 봉건시대에 그 제도를 유지하는 도구로서 불연이 이용된 데 이유가 있습니다.

그리고 이 사고방식은 지금까지도 일본인의 심리에 영향을 주고 있습니다. 이를테면 회사에서 해고 당하거나 상사에게 부당한 취급을 받아도 일본인은 서양인만큼 격렬하게 따지지 않는 듯 보입니다만, 그 같은 배경에는 그러한 운명론에 따른 체념이라는 감각이 오랜 세월에 걸쳐 일본인의 내부에서 자라왔기 때문일지 모릅니다.

▪ 윤회

불연이라는 사고방식과 직접 연결되는 개념이 윤회입니다.

살아가는 것은 모두 우주의 규칙과 **부처의 결정**에 따라 온갖 생물로 바뀌어 태어나 **생사를 되풀이해 나간다**는 사고방식이 윤회의 사고방식입니다.

불교의 고향인 인도 등에서도 이 사고방식은 옛날부터 사람들에게 영향을 끼쳤습니다. 그리고 윤회라는 개념은 불교의 전래와 함께 일본에서도 깊게 뿌리를 내렸습니다.

윤회란 과거에서 미래로 이어지는 생명의 흐름이며 내세에서도 행복한 인간으로서의 생을 부여 받을 수 있기를 바라는, 이러한 기대

「輪廻」とは過去から未来へとつながる生命の流れであり、来世でも幸福な人間として生を受けられるようにという、期待を人々の間に育みました。

　現在の日本では、この考えをそのまま信じている人はほとんどいないでしょう。

　しかし、日本人に来世観がなくなったかといえば、そうではありません。人は死後も魂となって、**子孫**のもとに現れ、時には子孫を守ってゆくものと漠然と期待する日本人は今でも多いはずです。

　また、現世で良い行いをすれば、それはどこかで必ず**報われる**はずだという期待は、今でも多くの日本人の心の奥底にあるはずです。

　日本に、死者を敬い、その魂を大切にしようとするためのお祭りや、仏教行事が多くあるのも、こうした「輪廻」や「仏縁」という考え方と無関係ではないのです。

- **因果**

　「因果」はあらゆるものには原因があり、それによって結果が定められるという仏教の考え方です。

　そして、「因果」は、**因果応報**という熟語で頻繁に使われる概念です。

　仏縁の項目で説明したように、仏教には前世の悪行や善行によっ

감을 사람들 사이에 키웠습니다.

현재 일본에서 이런 생각을 그대로 믿고 있는 사람은 거의 없을 겁니다.

그러나 일본인에게 내세관이 없어졌느냐 하면 그렇지는 않습니다. 사람은 사후에도 혼이 되어 **자손** 곁에 나타나며 때로는 자손을 지켜준다고 막연히 바라는 일본인이 지금도 많을 겁니다.

또 현세에서 좋은 일을 하면 그것이 어딘가에 반드시 **보답으로 돌아온다는** 바람은 지금도 여러 일본인의 마음속 깊은 곳에 있을 겁니다.

일본에 죽은 자를 숭상하고, 그 혼을 소중하게 여기기 위한 축제나 불교 행사가 많은 것도 그러한 윤회나 불연이라는 사고방식과 무관하지 않습니다.

▪ 인과

인과는 모든 것에는 원인이 있고 거기에 따라 결과가 정해져 있다는 불교의 사고방식입니다.

그리고 인과는 '**인과응보**'라는 숙어로 빈번하게 사용되는 개념입니다.

불연의 항목에서 설명했듯이, 불교에는 전생의 악행과 선행에 따라 사람의 운명이 정해진다는 운명론이 있어, 전생이 원인이면 현재

て人の運命が定められるという運命論があり、前世が原因であれば、現在の運命はその結果ということになり、それが「因果」という考え方となっているのです。

「因果応報」とは、単に前世と現在との関係にとどまらず、一生の間でも、自らがなした事柄は必ず自分に返ってくるという教えに基づいた言葉です。たとえば、若い頃に親不孝をして、その後自分が親になったときに自らの子供に苦しめられることがあったとすれば、それは**典型的な**「因果応報」となります。

また、罪を犯して逃げられたとしても、後に重い病にかかって苦しみ死んでゆくケースがあったとすれば、それも「因果応報」です。

「因果応報」は、いま自らを見舞っている災難や苦しみには、必ずその原因が存在するという考え方なのです。

原因と結果とを示す「因果」という考え方は、「仏縁」や「輪廻」という考え方とも関連し、「縁」という価値観を支える大切な概念となっているのです。

▪ 無縁

最近日本で無縁死という言葉が社会問題として取り上げられました。家族や社会との絆を失ったまま、孤独に死んでゆく老人のことを指した言葉です。

의 운명은 그 결과가 되고, 그것이 **인과**라는 사고방식입니다.

'인과응보'란 단순히 전생과 현재와의 관계에 그치지 않고 일생 동안 자신이 한 일은 반드시 자신에게 되돌아온다는 가르침에 근거한 말입니다. 이를테면 젊을 때에 불효를 했다가 그 후 자신이 부모가 되었을 때 자식에게 고통을 받는 일이 있으면 그것은 **전형적인** '인과응보'입니다.

또 죄를 저지르고 도망쳤다가 나중에 중병에 걸려 고통스럽게 죽어가는 경우가 있다면 그것도 '인과응보'입니다.

'인과응보'는 지금 자신을 뒤덮고 있는 재난과 고통에는 반드시 그 원인이 존재한다는 사고방식입니다.

원인과 결과를 나타내는 인과라는 사고방식은 **불연과 윤회**라는 사고방식과도 관련이 있어 인연이라는 가치관을 형성하는 중요한 개념입니다.

- **무연**

최근 일본에서 연고자가 없는 죽음이 사회문제로 다루어지고 있습니다. 가족과 사회와의 유대감을 잃은 채 고독하게 죽어가는 노인을 가리키는 말입니다.

조화를 유지하고 공동체 속에서 살아가는 것을 좋게 여겨온 일본인에게 사람과의 유대감이 단절된 **무연** 상태는 일본인이 가장 두려

「和」を保ち、共同体の中で生きてゆくことをよしとしてきた日本人にとって、人との絆が断たれた「無縁」な状態は、日本人が最も恐れることかもしれません。

　現代社会の歪みの中で、孤独な老人が増え、中には親族とも離れさびしく死を迎える人がでてきていることは、日本の新たな現実であるともいえましょう。日本は、組織や集団での共同意識を大切にする反面、以前は顕著であった**家族の絆**は急速に失われつつあります。

　また、若い世代では、そうした伝統的な組織に対する価値観にも無関心で、個人のニーズを社会のニーズよりも優先する若者も増えています。

　こうした新しい世代の影響に加え、現代社会はますます不安定になり、家族、親族とのつながりはどんどん弱くなり、夫婦、兄弟だけの**核家族**化が進んでいるのです。

　「無縁」という言葉は価値観ではないかもしれません。しかし、無縁な個人が日本に増えつつあることは、日本の伝統的な価値観に少なからぬ変化が起きていることを**示す**社会現象であるといえそうです。

위하는 일일지 모릅니다.

현대사회의 일그러짐 속에서 고독한 노인이 늘고 그중에 친족과 떨어져 외롭게 죽음을 맞는 사람이 생긴 것은 일본의 새로운 현실이라고 할 수 있을 겁니다. 일본은 조직과 집단의 공동 의식을 소중하게 여기는 반면, 이전에 두드러졌던 **가족의 유대감**은 급속히 잃어가고 있습니다.

또한 젊은 세대는 그러한 전통적인 조직에 대한 가치관에도 무관심하고, 개인의 요구를 사회의 요구보다도 우선시하는 젊은이도 늘고 있습니다.

이러한 새로운 세대의 영향에 덧붙여 현대사회는 점점 불안정해지고 가족, 친족과의 연결이 점점 약해지면서 부모, 형제만의 **핵가족**화가 진행되고 있는 겁니다.

무연이라는 말은 가치관이 아닐지 모릅니다. 그러나 연고자가 없는 개인이 일본에 늘고 있는 것은 일본의 전통적인 가치관에 적지 않은 변화가 일어나고 있음을 **나타내는** 사회현상이라고 할 수 있을 겁니다.

11

信

11

믿음

▪ 信

「信」とは信ずることから生まれる固い絆や**安定した関係を示す言**葉です。

「信」という漢字を分解すれば、左の部分は「人」を意味し、右の部分は「言葉」を意味しています。すなわち、言葉によって**約定された**人と人との強い信頼関係が「信」となります。

信頼を築く方法は様々です。たとえばアメリカでは、信頼の証は、**まっすぐに相手の目を見ること**と固い握手でしょう。そうすることで、相手が何も隠さず、正直に話していると感じられるのです。

では日本での信頼の証はどうでしょうか。相手の目を強く見つめず、相手に配慮して婉曲にものをいい、時には本音をあえて喋らずに、謙遜して自らの望みや実力も誇示しないことが相手から信頼されるコツかもしれません。

こうしてみると、二つの異なった文化に生きる人同士では、同じ「信」の概念を大切にするにしても、その表現の仕方は正反対ということになります。これは、ある意味ではとても危険なことと言えましょう。

言葉さえ通じれば、人はみな同じという考え方がいかに深刻な誤解の原因になるかということは、この「信」という概念に対する行動様式の違いをみると明白です。

▪ 믿음

믿음이란 신뢰에서 생겨나는 단단한 유대감과 **안정된** 관계를 나타내는 말입니다.

'신(信)'이라는 한자를 분해하면, 왼쪽 부분은 '사람'을 의미하고 오른쪽 부분은 '말'을 의미합니다. 즉, 말에 의해 **약속**된 사람과 사람의 강한 신뢰 관계가 **믿음**이 됩니다.

신뢰를 구축하는 방법은 여러 가지입니다. 예를 들면 미국에서 신뢰의 증표는 **곧장 상대의 눈을 보는 것**과 굳은 악수일 겁니다. 그렇게 함으로써 상대가 아무것도 숨기지 않고 정직하게 말하고 있는지를 느낄 수 있습니다.

그렇다면 일본에서 신뢰의 증표는 무엇일까요. 상대의 눈을 강하게 쳐다보지 않으며 상대를 배려해 완곡하게 말하고 때로는 본심을 굳이 밝히지 않으며 겸손하게 자신의 바람이나 실력도 과시하지 않는 것이 상대에게 신뢰 받는 비결일지 모릅니다.

이렇게 보면 두 가지 다른 문화에 살아가는 사람끼리는 같은 **믿음**의 개념을 소중히 한다 해도 그 표현 방법은 정반대가 됩니다. 이것은 어떤 의미에서는 매우 위험한 일이라고 할 수 있겠지요.

말만 통하면 사람은 누구나 같다고 생각하는 사고방식이 얼마나 심각한 오해의 원인이 되는가는 이 **믿음**이라는 개념을 표하는 행동양식의 차이를 보면 명확합니다.

- ## 信用

「信用」とは、人と人との**信頼関係**を意味する言葉で、相手を信頼してビジネスを共にし、行動を共にできると判断することを「信用する」といいます。経済的な用語としての「信用」は、相手に**支払い能力**があることを示す言葉でもあります。

経済的な意味での「信用」はさておき、日本人が相手を「信用する」ポイントは、まず同じグループの「内」の人間であるとお互いに認め合うことに尽きるでしょう。

たとえば、欧米では見知らぬ者同士が共に仕事をはじめる場合、まず何をおいても一緒に働き出し、そのプロセスの中で結果がよければお互いに信頼関係が**生まれてきます**。それが不安な場合は、まず**契約を結び**、それに拘束される形でお互いに仕事をはじめ、仕事を完成させる中でより深い信頼関係ができあがるのです。

それに対して、日本の場合は、まずお互いをよく知ることが求められます。食事を共にしたり、時にはお酒を飲んだりしながら、相手がどのような人かを理解し、お互いを「内」の人間と意識できるように努力しつつ、信頼関係を醸成しながらビジネスへと入ってゆくのです。

最初に契約書というケースは少なく、ビジネスを進めるプロセスの中で必要ならば確認の意味で**覚え書き**にサインする程度なのです。

したがって、ビジネスの世界でも、日本人は欧米人に比べてより

- 신용

신용이란 사람과 사람의 **신뢰 관계**를 의미하는 말로, 상대를 신뢰해 비즈니스를 함께하고 행동을 같이할 수 있다고 판단하는 것을 '신용하다'라고 합니다. 경제적인 용어로 쓰이는 **신용**은 상대에게 돈을 **지급할 능력**이 있음을 나타내는 말이기도 합니다.

경제적인 의미에서의 **신용**은 접어두고, 일본인이 상대를 '신용하는' 핵심은 우선 같은 그룹의 내부 인간이면 서로를 인정할 수밖에 없을 겁니다.

예를 들면 서양에서는 낯선 사람끼리 함께 일을 시작하는 경우, 우선 무슨 일이든지 함께 일하고 그 과정에서 결과가 좋으면 서로 신뢰 관계가 **생겨납니다**. 그것이 불안한 경우는 우선 **계약을 맺고** 거기에 구속된 형태로 쌍방이 일을 시작해서 완성시켜 나가는 가운데 좀 더 깊은 신뢰 관계가 이루어집니다.

거기에 비하여 일본의 경우는 우선 서로를 잘 알 필요가 있습니다. 식사를 함께하거나 때로는 술을 마시면서 상대가 어떤 사람인지를 이해하고 서로를 내부의 인간이라고 의식할 수 있도록 노력하며 신뢰 관계를 조성해가는 가운데 비즈니스로 돌입해 들어갑니다.

처음에 계약서를 교환하는 경우는 드물고 비즈니스를 진행하는 과정에서 필요하면 확인의 의미에서 **각서**에 서명하는 정도입니다.

따라서 비즈니스 세계에서도 일본인은 서양인에 비해 좀 더 상대의 개인 정보를 알고 싶어 합니다. 나이에서부터 결혼 여부, 아이는

相手のプライベートな情報を聞きたがります。年齢にはじまって、結婚しているかどうか、子供は何歳で何人いるかなど。お互いに情報を共有し、「内」へと呼び寄せ合うプロセスが必要になるのです。

「信用」をまず契約書で保証し、人と人との本来の信頼関係は仕事の結果生まれるとされる欧米社会と、お互いを「内」に取り込み、「情」をもって仕事ができるようにすることが「信用」への最初のプロセスである日本との違いは大きいようです。

- ## 信心

「信心」とは宗教的に敬虔であることを示す言葉で、「信心深い」といえば、非常に**強い信仰**をもっていることを示します。

面白いことに、キリスト教やイスラム教では、**一つの絶対神**に対して人々は信仰を持ちます。しかし、神道と仏教の融合がみられるように、一般の日本人はその時々で様々な神や仏に対して祈りを捧げます。結婚式はキリスト教の教会で行い、年始には神社にお参りにいき、お盆とでは仏教式にしたがって祖先へのお祈りをします。こうした信仰の受け入れ方は、日本人の「信心」の特徴といえましょう。

神道は、様々な神がいる多神教

몇 살이고 몇 명인지 등의 정보를 서로 공유하고 내부로 불러들이는 과정이 필요합니다.

신용을 일단 계약서로 보증하며 사람과 사람의 본래 신뢰 관계는 일의 결과로 생겨난다고 믿는 서양 사회와, 서로를 내부 사람으로 만들어 정을 토대로 일이 이루어지도록 하는 것이 신용으로 가는 첫 번째 과정인 일본의 차이는 큰 듯합니다.

- 신심

신심이란 종교적으로 경건함을 나타내는 말로, '독실하다'라고 하면 매우 **신앙심이 깊음**을 의미합니다.

흥미롭게도 크리스트교과 이슬람교에서는 사람들이 **하나의 절대 신**에 대해 신앙을 가집니다. 그러나 신도와 불교의 융합에서 볼 수 있듯이 일반적인 일본인은 그때그때 여러 신불에 기도를 올립니다. 결혼식은 크리스트교의 교회에서 올리고 새해에는 신사에 참배를 가며 백중맞이(음력 7월 보름)에는 불교식으로 선조에게 기원합니다. 이러한 신앙의 수용 방법은 일본인의 신심의 특징이라 할 수 있을 겁니다.

신도는 여러 신을 섬기는 다신교이다.

日本では、こうした**年中の行事**をしっかりとこなし、神道にも仏教にも常に敬意を表した生活を行っている人のことを「信心深い」といいます。

- 仁

「仁」という漢字を「信」と同じように分解すると、左側が「人」、右側が「二」で、人が二人という意味になります。人が二人になったとき、お互いのことを意識し、相手にどのように対応するか考えます。つまり、そこに社会というものが生まれるのです。

「仁」とは、その人と人との接し方、社会での振る舞い方の知恵と愛情を示す言葉で、古代中国の儒教の**根本概念**を現す漢字として日本にも伝わりました。

古代、国を治めるには、社会においては「上」を敬い、「下」を慈しみ、家庭においては父母に「孝」を尽くし、隣人を大切にしてゆくような社会をつくることが必要とされました。「仁」は、そうした考えを示す言葉です。

朱熹などによる新たな儒教は、日本では「朱子学」などと訳される。江戸時代の為政者に利用され、国の基本を示す学問とまでされたのが朱子学だが、元は人の自然なありかたを見つめたもので、後世のものとかなり異なっていた。

일본에서는 이러한 **연중행사**를 거르지 않고 치르고 신도에도 불교에도 항상 경의를 표하며 생활하는 사람을 '독실한 사람'이라고 합니다.

- 인

'인(仁)'이라는 한자를 '신(信)' 자와 같은 방식으로 분해하면 왼쪽이 '사람'이고 오른쪽이 '둘'로, 사람이 둘이라는 의미가 됩니다. 사람이 두 명이 되었을 때 서로를 의식하고 상대에게 어떻게 대응할까를 생각합니다. 즉, 거기에서 사회라는 것이 생겨납니다.

인이란, 사람과 사람이 서로 대하는 법, 사회에서 행동하는 법에 대한 지혜와 애정을 나타내는 말이며, 고대 중국의 유교의 **근본 개념**을 나타내는 한자로서 일본에도 전해졌습니다.

고대에 나라를 다스리는 데는, 사회에서는 위를 숭상하고 아래를 자애하며 가정에서는 부모에게 '**효**'를 다하고 이웃 사람을 소중히 하는 사회 구현이 필요했습니다. 인은 그러한 생각을 나타내는 말입니다.

주희 등에 의한 새로운 유교는 일본에서 '주자학' 등으로 번역된다. 에도 시대에는 위정자에게 이용되어 나라의 기본을 세우는 학문이기까지 했던 주자학이지만 본래는 사람의 자연적인 본연의 모습을 연구하는 학문으로 이는 후세의 주자학과는 상당히 달랐다.

儒教は、日本に伝来して以来、支配階級の規律や心得の哲学として取り入れられ、日本人の道徳律に大きな影響を与えてきました。特に江戸時代にその影響は強く、儒教の一派である**朱子学**が身分制度を維持する思想的背景として取り入れられ、徳川幕府の基本理念となりました。

「仁」をしっかりと心得、実践する人が「信」に足る、すなわち「信用」できる人として尊敬されたのです。

儒教の始祖である孔子の言葉をまとめた論語に、「**巧言令色、鮮^{すく}なし仁**」という有名な言葉があります。これは**言葉が巧みで**、愛想のよい表情をする人間ほど、思いやりや慈しみの心が少ないものだという意味の格言です。

この言葉からも理解できるように、日本人が**寡黙**であることを美徳とする背景には、儒教の影響も強くあるのです。

- ### 仁義

「仁」を実践するには、人と人との約束事、すなわち「義」を**大切に**しなければなりません。「義」とはすでに解説した「義理」に通じる考え方と思えばいいでしょう。

この二つの漢字を合わせると「仁義」となり、人と人との約束事をしっかりと守ることの大切さを説く熟語となるのです。

유교는 일본에 전래된 이래, 지배계급의 규율과 심득의 철학으로 받아들여져 일본인의 도덕률에 큰 영향을 끼쳤습니다. 특히 에도 시대에 강한 영향을 주었고, 유교의 일파인 **주자학**이 신분제도를 유지하는 사상적 배경으로 도입됨으로써 도쿠가와 막부의 기본 이념이 되었습니다.

인을 착실히 심득하고 실천하는 사람이 믿을 만한, 즉 **신용**할 수 있는 사람으로서 존경 받았습니다.

유교의 시조인 공자의 말씀을 정리한 논어에 '**교언영색으로 꾸미는 자들 중에는 어진 이가 적다**'라는 유명한 말이 있습니다. 이것은 **언구력을 부리고** 붙임성 좋은 표정으로 꾸미는 사람일수록 배려와 자애로운 마음이 적다는 뜻을 나타내는 격언입니다.

이 말에서 이해할 수 있듯이 일본인이 **과묵함**을 미덕으로 삼는 배경에는 유교의 영향도 강합니다.

▪ 인의

인을 실천하려면 사람과 사람이 약속한 일, 즉 의를 **소중히** 해야 합니다. 의란 이미 해설한 의리로 통하는 사고방식이라고 생각하면 됩니다.

이 두 가지 한자를 합치면 인의가 되고, 사람과 사람이 약속한 일을 꼭 지키는 것의 중요성을 설득하는 숙어가 됩니다.

もちろん、「仁義」は武士などの支配階級では「忠義」という言葉に置き換えられ、大切な価値観として尊重されました。

　そして、庶民レベルでは、友人との約束や、人から与えられた「恩」に対してありがたく思うことが、「仁義」**と解釈されてきました**。そういう意味で、「仁義」は、やくざの世界などでは特に重んじられ、親分と子分との間の「仁義」をめぐる葛藤などは、今でも映画の題材として取り上げられています。

　言い換えれば、「仁義」を守ることが「信」につながり、「信」を得るためには、「仁義」に厚い心を持つことが大切です。

　「内」と意識した人間へは、その人を**裏切**らないように、「仁義」がうまれます。相手に対して「仁義」を感じることが、相手への「情」にもつながるのです。

물론 인의는 무사 등의 지배계급에서는 **충의**라는 말로 대체되며, 중요한 가치관으로 존중 받았습니다.

그리고 서민층에서는 친구와의 약속이나 남에게서 받은 **은혜**를 감사히 여기는 것이, **인의로 표현되어 왔습니다**. 그러한 의미에서 인의는 폭력배 세계에서 특히 중요하게 여겨져, 우두머리와 부하 사이의 인의를 둘러싼 갈등은 지금도 영화의 제재로 다루어집니다.

바꿔 말하면 인의를 지키는 일이 **믿음**으로 이어지며, **믿음**을 얻기 위해서는 인의와 더불어 두터운 마음을 지니는 것이 중요합니다.

내부라고 여겨지는 사람에게는 그 사람을 **배신**하지 않도록 인의가 생겨납니다. 상대에게 인의를 느끼는 것이 상대에 대한 **정**으로도 이어집니다.

12

徳

12

덕

- ## 徳

　「徳」とは、日本人の価値観に精通し、それを実践し、そのことによって世の中にも必要とされる知性を指します。

　したがって、「徳」のある人とは、人から尊敬され、何か必要なことがあれば、その人の意見を求め、時にはその人に教えを請います。

　では、徳のある人物とはどのような人物像でしょうか。

　まず、なんといってもその人は「謙譲」の精神をもって、常に控えめで、自分をアピールすることなど決してありません。腰が低く、「情」と「義理」とをよく理解しています。

　その人は、**しかも「道」を極めた「匠」**かもしれません。しかし、すでに世の中の酸いも甘いも知り尽くし、厳しさよりも、穏やかさをもって人を包み込むような人かもしれません。

　「徳」のある人は、人生の達人で、**決して堅物ではありません。**礼儀作法をしっかりと嗜み、道徳をよく心得ながらも、楽しむことにかけても達人です。日本人の知恵や価値観を**集約した知恵。**それが「徳」の意味するところなのです。

- ## 名

　「名」とは、人の**表の顔**です。元々「名」は人の名前のことで、その

▪ 덕

덕이란 일본인의 가치관에 정통하고 그것을 실천하며 그 일로써 세상에서도 필요시되는 지성을 가리킵니다.

따라서 덕이 있는 사람은 남에게 존경 받고 무언가가 필요하면 다른 이에게 의견을 구하며 때로는 타인에게 가르침을 청합니다.

그러면 덕이 있는 사람의 인물상은 어떤 것일까요?

우선 뭐니 뭐니 해도 그 사람은 **겸양**의 정신을 가지고 늘 조심하고 삼가며 자신을 내세우는 일이 결코 없습니다. 겸손하고 **정**과 **의리**를 잘 이해합니다.

그 사람은 **게다가 덕에 다다른** 장인일지 모릅니다. 그러나 이미 세상의 쓴맛 단맛을 다 알고 엄격함보다 온화함으로 남을 감싸줄 것 같은 사람일지 모릅니다.

덕이 있는 사람은, 인생의 달인으로 **결코 융통성이 없는 사람이 아닙니다.** 예의범절을 철저히 유념하고 도덕을 잘 이해하며 즐기는 일에도 달인입니다. 일본인의 지혜나 가치관이 **집약된** 것, 그것이 덕이 의미하는 바입니다.

▪ 이름

이름이란 사람의 **표면적 얼굴**입니다. 원래 [나]는 사람의 이름으

人にとって最も大切なアイデンティティとなります。

　そして「名」は、その人にとっての名誉、そして地位をも意味します。社会的に**しっかりとした**地位を築いたとき、人はあの人は「**名を成した**」といいます。そして一般的に「名」を成した人は、「徳」をも備えていることが期待されます。

　「名」を成すということは、出世し人々から尊敬される人のことですから、そのことによって、その人は、**外見上**は少なくとも名誉を勝ち得たことになります。そのような人にとって名誉を維持することはとても重要です。名誉とは、**精神的に高潔であること**と、社会的に認められことの二つの側面を持ちますが、時にはその二つは**矛盾する**こともあります。武士にとっては、精神的に高潔であることが本当の名誉とされていたのですが、現実はというと、やはり人間は弱い者で、表面上の社会的地位を維持することによって、「名」を維持してきた人が多いようです。

　「名」を維持することが、もし、何らかの理由で困難になったとき、その名は「恥」で汚されることになります。

- 　**恥**

　「名」は「恥」と表裏一体の価値観です。

　「恥」とは、単に恥ずかしいことではなく、自らが大切にする「名」

로, 그 사람에게서 가장 중요한 정체성입니다.

그리고 이름은 그 사람에게서 명예와 지위도 의미합니다. 사회적으로 **견고한** 지위를 쌓아 올렸을 때 사람들은 저 사람은 '**이름을 떨쳤다**'라고 합니다. 그리고 보통 이름을 떨친 사람은 덕을 갖추고 있을 것으로 기대됩니다.

이름을 떨쳤다는 것은 출세해서 남들에게 존경 받는 사람이라는 것이기 때문에 그 일로써 그 사람은 **외견상**으로는 적어도 명예를 쟁취한 것이 됩니다. 그러한 사람에게 명예를 지키는 일은 매우 중요합니다. 명예란 **정신적으로 고결한 것**과 사회적으로 인정 받는 것이라는 두 가지 측면이 있지만, 때로 이 두 가지는 **모순될** 수 있습니다. 무사는 정신적인 고결을 참된 명예로 삼았으나 현실적으로 인간은 약한 자이므로 표면상의 사회적 지위를 지켜냄으로써 **이름**을 지켜온 사람이 많을 것입니다.

이름을 지키는 일이 만약 어떤 이유로 곤란해졌을 때 그 이름은 수치로 더럽혀지게 됩니다.

- 수치(수치심)

이름은 수치와 표리일체를 이루는 가치관입니다.

수치란 단순히 부끄러운 것이 아니라 자신이 소중히 여기는 **이름**을 **더럽히는** 것에 의해 손상되는 명예심을 의미하는 말입니다.

を**汚す**ことによって損なわれる名誉心を意味する言葉です。

　欧米の人は、キリスト教的な倫理観にそぐわない行為をしたときに、「罪」の意識を感じるといわれています。それに対して日本人は、「罪」ではなく「恥」の意識を抱くわけです。

　「恥」とは、**内省的に**自らに問いかけて恥ずかしく思う他に、共同体の他の人々に対して恥ずかしく思うという意識もついてきます。常に他とのバランスの中で、自らが特に過ちなどを犯して**特異な状況**になることに対して、人は「恥」の意識をもつのです。

　たとえば、死を畏れて戦いから**逃げて**しまった武士がいるとして、その武士は自らの弱い心を見つめて恥じ入るのと同時に、家族や同僚や同郷の人々、そして自らが仕える君主に対して「恥」の念を持ちます。

　また、儒教的な観点からは、先祖に対して恥ずかしく思うといったように、祖先、時には子孫への「恥」という多面的な意識を抱くのです。

　確かに、「和」を重んずるせいか、日本人は自らが行動するとき、常に他人のこと**を気にする**傾向にあります。他人と異なる行動をするとき、多かれ少なかれ日本人は「恥」の意識と戦わなければならず、それを克服して自らの意思を通してゆくための**勇気**が要求されるのです。

「義理」の項で紹介したルース・ベネディクトは、『菊と刀』で、西欧での「罪」の意識と対応する日本人の価値観として「恥」の意識を取り上げ、話題となった。

서양 사람은 크리스트교적인 윤리관에 맞지 않는 행위를 했을 때 죄의식을 느낀다고 합니다. 거기에 반해 일본인은 '**죄의식**'이 아니라 **수치심**을 품습니다.

수치란 **자기반성적으로** 스스로에게 돌이켜 물어 부끄럽게 여기는 것 이외에, 공동체 내의 다른 사람들에게 부끄럽게 여기는 의식도 수반됩니다. 사람들은 항상 다른 것과 균형을 이루는 가운데 자신이 특별히 잘못을 저질러 **특이한 상황**에 놓이게 되는 데 **수치심**을 갖습니다.

예를 들면 죽음이 두려워 전쟁에서 **도망친** 무사가 있다면 그 무사는 자신의 약한 마음을 들여다보고 깊이 부끄러워함과 동시에 가족과 동료와 고향 사람들, 그리고 자신이 섬기는 군주에게 **수치**의 마음을 지닙니다.

또 유교적인 관점에서는 선조에 대해 면목이 서지 않는다고 했듯이, 선조 때로는 자손에게 수치라는 다면적인 의식을 품게 됩니다.

분명히 **조화**를 중시하는 탓인지 일본인은 자신이 행동할 때 늘 **타인**을 신경 쓰는 경향이 있습니다. 타인과 다른 행동을 할 때 많든 적든 일본인은 **수치심**과 싸워야 하며 그것을 극복하고 자신의 의지를 관철시키려는 **용기**가 필요합니다.

의리의 항목에서 소개한 루스 베네딕트는 『국화와 칼』에서 서양의 '죄의식'에 대응하는 일본인의 가치관으로 **수치**를 다루어 화제가 되었다.

▪ 面目

　よく中国人は面子を大切にするといいます。

　その人の立場を尊重し、その人の体裁を傷つけないようにすることを、中国の人は「**その人の面子を守る**」といいます。

　日本にも面子の概念も面目という言葉も存在します。そして同じ意味をもって、それを「面目」という言葉で表明することが多いようです。自らの名誉を大切にし、自らの名に恥じないよう気をつかってゆくことを、人は「面目を保つ」というのです。

　日本人は、「**面目**」**が潰れた**とき、「恥」を意識し、「面目」が潰れる原因をつくった人に対して怒りを覚えます。

　たとえば、会議で上司が自分の意見を言ったとき、部下がそれに反論すると、上司は「面目」を潰されます。ですから、部下は上司の体裁を保つために、その「場」では強く反論せずに、後で別の「場」をもって上司に自らの考えを伝えるのです。

　そうした意味で、「面目」という価値観は、「和」や「場」、そして「間」などの概念とも深く関連しているのです。

　人前で自らの意見を表明することを悪いこととは思わない欧米の**価値観**と、この「面目」というにあります。他人と異なる行動をするとき、多かれ少なかれ日本人は「恥」の意識と戦わなければ価値観は鋭く対立します。日本人にとって、「面目」とは相手の立場を考え、相手に「恥」をかかさないように「配慮」することの大切さを教える価

- **면목**

중국인은 몹시 체면을 중히 여긴다고 합니다.

그 사람의 입장을 존중하고 그 사람의 체면을 손상시키지 않도록 하는 일을 중국 사람은 '**그 사람의 체면을 지키다**'라고 말합니다.

일본에도 체면의 개념과 면목이라는 말이 존재합니다. 그리고 이들은 같은 의미이므로 **면목**이라고 표명하는 일이 많은 듯합니다. 사람들은 자신의 이름을 소중히 하고 자신의 이름에 부끄럽지 않도록 조심해나가는 일을 '면목을 유지하다'라고 합니다.

일본인은 **면목을 손상 당했을** 때 수치심을 느끼고, 면목을 손상시킨 원인을 만든 사람에 대해 분노합니다.

예를 들면 회의에서 상사가 자신의 의견을 말했을 때 부하가 거기에 반론하면 상사는 **면목**을 손상 당합니다. 그러므로 부하는 상사의 **면목**을 유지하기 위해 그 자리에서는 강하게 반론하지 않고 나중에 다른 자리에서 상사에게 자신의 생각을 전합니다.

그런 의미에서 **면목**이라는 가치관은 조화나 자리, 그리고 사이 등의 개념과도 깊은 관련이 있습니다.

사람 앞에서 자신의 의견을 표명하는 것을 나쁘다고 여기지 않는 서양의 **가치관**과 이 면목이라는 가치관은 첨예하게 대립됩니다. 일본인에게 **면목**이란 상대의 입장을 헤아려 그가 수치를 느끼지 않도록 하는 배려의 소중함을 가르치는 가치관입니다.

상대의 마음이 되어서 생각하면 자연히 **면목**을 지키고, 사람과의

値観です。

　相手の気持ちになって物事を考えれば、自然と「面目」は保たれ、人との「和」が維持できるのです。

▪ 分

　「分」とは日本に古くからあるその人の立場にあった言動を期待する価値観です。昔は身分の低い者には身分に応じた「分」があり、たとえば身分の高い人の司る領域に口を挟み、意見をいうことはタブーでした。そうした行為は、「**分をわきまえない行為**」とされ、厳しく追及されたのです。

　現在では「分」は、自らの社会的地位や会社での上下関係などの中に織り込まれた価値観となっています。

　新入社員は自らの「分」を守って、「先輩」に敬意を表し、上司の指示に黙って従いながら、仕事を学びます。学校でのクラブ活動では、下級生は上級生が活動する場所を掃除し、言葉遣いも丁寧にし、それぞれの立場での「分」に従った練習することが期待されます。

　この「分」を逸脱した行動をした場合、相手の「**面目**」**を潰す**ことになるのです。

　縦社会の典型のように思われるこの「分」という概念が、今なお日本人の心の中に生きていることには驚かされます。

조화를 유지할 수 있습니다.

▪ 분수

분수란 일본에 옛날부터 있어온, 그 사람의 입장에 맞는 언동을 기대하는 가치관입니다. 옛날에 신분이 낮은 자에게는 신분에 상응하는 **분수**가 있었는데, 예를 들면 신분이 높은 사람이 관장하는 영역에 말참견해 의견을 내놓는 것은 금기시되었습니다. 그러한 행위는 '**분수를 모르는** 행위'로 치부되어 엄하게 추궁 당했습니다.

현재에 와서 **분수**는 자신의 사회적 지위나 회사의 상하 관계 따위에 포함된 가치관입니다.

신입 사원은 자신의 **분수**를 지키고 '선배'에게 경의를 표하며 상사의 지시에 묵묵히 따르면서 일을 배웁니다. 학교의 동아리 활동에서 하급생은 상급생이 활동하는 장소를 청소하고 말투도 정중하게 하며 다양한 입장에서 **분수**에 따라 연습하기를 기대 받습니다.

이 **분수**를 일탈한 행동을 한 경우에 상대의 **면목을 손상시키**게 됩니다.

수직 사회의 전형처럼 여겨지는 이 **분수**라는 개념이 지금도 일본인의 마음속에 살아 있는 것이 놀랍습니다.

모든 사람은 평등하다고 규정되어 있는 현대사회에서의 **분수**라는 사고방식은 상호 간에 마찰 없이 상대를 존중해 조직과 사회의

全ての人は平等であると規定されている現代社会においての「分」
という考え方。それは、お互いに摩擦なく相手を尊重して組織や社
会の「和」を維持するための**暗黙の了解**とでもいえそうです。

■ 阿吽の呼吸
あうん

　ここに記してきた日本人の価値観に支えられた様々なコミュニ
ケーションスタイルを使いこなすことによって、相手に敢えてす
べてを語らなくても意思疎通ができる状態を「阿吽の呼吸」といい
ます。

　たとえば、相手の立場を理解して、自らの「分」をわきまえれば、
口に出して説明しなくても、その「場」での言動はコントロールでき
ます。

　「和」の精神が理解でき、「型」を心得ていれば、敢えて人に対して
その行為について**詳細を質問する**必要もありません。

　すなわち、こうしたプロトコルがわかっていれば、言葉を少な
くしても、相手に**意思**や**意図**を伝えることができるのです。

> もともと阿吽とは、サンスクリット語で、阿が口を開き、吽が口を閉じて声を出す
> こと。狛犬の片方が口を開け、片方が口を閉じていることも阿吽に起因する。阿吽
> そのものが呼吸を表し、一対の狛犬のように直感的に意図を相手に伝えることが、
> 阿吽の呼吸の由来。

조화를 유지하기 위한 **암묵적인 동의**라고도 할 수 있을 것입니다.

▪ 호흡이 맞다

여기에 적힌 일본인의 가치관이 만들어낸 다양한 의사소통 방식을 구사해 상대에게 구태여 모두 말하지 않아도 의사소통이 가능한 상태를 호흡이 맞다라고 합니다.

이를테면, 상대의 입장을 이해하고 자신의 **분수**를 알면 입 밖에 내어 설명하지 않더라도 그 자리에서의 언동은 조절할 수 있습니다.

조화의 정신을 이해할 수 있고 **형식**을 터득하고 있다면 굳이 남에게 그 행동에 대해 **자세히 질문할** 필요도 없습니다.

즉, 이러한 관습을 알고 있으면 말을 적게 해도 상대에게 **의사**와 **의도**를 전달할 수 있습니다.

말로 주고받지 않아도 즉석에서 상대의 의도를 이해하고 그 기대에 합치되는 행동을 취할 수 있는 사이, 즉 호흡이 맞는 사이야말로 내부 관계이고 본심을 말할 수 있는 친한 관계라고 할 수 있겠지요.

어느 연구에 의하면 일본인은 서양 사람과 비교했을 때 말의 행간

원래 [아운]이란 산스크리트어에서 [아](阿)가 입을 열고 [운](吽)이 입을 닫고 소리를 내는 것이다. 신사 앞에 쌍으로 마주하는 사자같이 생긴 석상 중 한쪽이 입을 열고, 다른 쪽이 입을 다물고 있는 것도 [아운]에 기인한다. [아운] 그 자체가 호흡을 나타내고 한 쌍의 석상처럼 직감적으로 상대에게 의도를 전하는 것이 호흡이 맞다라는 말의 유래이다.

言葉を交わさなくても、即座に相手の意図が理解でき、その期待に合致した行動がとれる間柄、すなわち「阿吽の呼吸」の間柄こそ、「内」の関係であり、本音で話せる親しい関係といえましょう。

ある研究によると、日本人は欧米の人に比べて、言葉の行間の意味を理解し、より簡単に文脈で意思疎通ができるということです。しかし、この発想は、日本人同士の価値観に基づいた交流を理解できない欧米の人にとっては誤解の原因となります。

- ### 礼

「礼」とは、中国で生まれた儒教の倫理観の中でも最も大切な価値観です。それは社会の**秩序**や**規範**を保ち、人が社会をつくってゆくために必要な**規律**や、**道徳**を表す言葉です。

すなわち「礼」を心得るということは、世の中の仕組みの奥にある価値観を理解し、人と人との関係を構築してゆく知恵を持っているということになります。

そして、中国から多くの倫理観を輸入しながらも、日本の風土の中で日本向けに運用してきた日本人には、独特の「礼」の捉え方があります。

日本人にとって、「礼」を知るということは、ここに記した様々な日本人の価値観を**習得**し、それをもって人を導き、社会の「和」を保

의 의미를 이해하며, 좀 더 간단한 문맥으로 의사소통이 가능하다고 합니다. 그러나 이 발상은 일본인끼리의 가치관에 따른 교류를 이해할 수 없는 서양 사람에게는 오해의 원인이 됩니다.

▪ 예

예란 중국에서 생겨난 유교의 윤리관 중에서도 가장 중요한 가치관입니다. 그것은 사회의 **질서**와 **규범**을 지키고 사람이 사회를 만들어가기 위해 필요한 **규율**이나 **도덕**을 나타내는 말입니다.

즉, 예를 안다는 것은 세상의 구조 깊숙이에 있는 가치관을 이해하고 사람과 사람과의 관계를 구축해나가는 지혜가 있다는 뜻이 됩니다.

그리고 중국에서 많은 윤리관을 수입하면서도 일본 풍토 속에 일본식으로 운용되어온 일본인만의 독특한 예를 다루는 관점이 있습니다.

일본인에게 예를 안다는 것은 여기에 적은 다양한 일본인의 가치관을 **습득하고** 그것을 써서 사람을 인도하며 사회의 **조화**를 유지하기 위해 운용하는 지혜를 가진다는 뜻이 됩니다.

즉, 예를 아는 사람이야말로 덕이 있는 사람이라고 할 수 있습니다.

예는 사람에게 감사를 표명하는 것을 의미하며 동시에 사회에서의 매너를 뜻하는 '예의'라는 말로도 사용되는 한자입니다.

つために運用する知恵をもつということになります。

　すなわち、「礼」を知る人こそ、「徳」のある人であるといえるのです。

　「礼」は、人に感謝の意を表明することも意味し、同時に社会でのマナーを意味する「礼儀」という言葉にも使用されている漢字です。

　人に敬意を表し、上下の関係を尊重して丁寧に人に対応することが礼儀です。「礼」を心得る人は、当然人に対する礼儀も重んじ、世の中の「義理」にも真摯に対応します。

　社会の規律や価値観を知悉した人は、阿吽の呼吸によって人の期待するものを読み取り、人がそれを要求する前に、その期待に対して丁寧に対応をすることができるわけです。

　「一を聞いて十を知る」という言葉がありますが、「礼」をわきまえる人は、こうした人の期待に対して多くを語らず、迅速かつ寡黙に応え、しかもその成果を**誇示**したりはしません。

　日本人にとっての「礼」は、静かな行動の中に自ずとにじみ出る知性といえるのではないでしょうか。

▪ 諦観

　「分」という価値観を思い出してください。

　昔から「分」は、身分や上下関係と深く関わった価値観として捉えられてきました。その発想で人間全体を一つのグループとして考え

사람에게 경의를 표하고 상하 관계를 존중하며 정중하게 남에게 대응하는 것이 예의입니다. 예를 갖춘 사람은 당연히 남에 대한 예의도 중시하고 세상의 **의리**에도 진지하게 대응합니다.

사회의 규율과 가치관을 다 아는 사람은 말하지 않아도 알아차리는 것처럼 남이 기대하는 것을 읽어내고 남이 그것을 요구하기 전에 그 기대에 정중하게 대응할 수 있습니다.

'**하나를 들으면 열을 안다**'라는 말이 있지만 예를 아는 사람은 그러한 사람들의 기대에 여러 말을 하지 않고 신속하고 과묵하게 응하며, 게다가 성과를 **과시**하거나 하지 않습니다.

일본인에게 예는 조용한 행동 속에 저절로 우러나오는 지성이라고 할 수 있을 겁니다.

- 체관

분수라는 가치관을 떠올려주십시오.

옛날부터 **분수**는 신분이나 상하 관계와 깊은 관련이 있는 가치관으로 여겨져 왔습니다. 그 발상에서 인간 전체를 하나의 그룹으로 생각하면 그 위에 있는 것은 신불, 또는 우주라는 **인간의 지혜를 넘어선** 존재가 됩니다.

인간은 인간인 이상 그러한 **초월적인 존재**에 대해서도 **분수**를 가집니다. 예를 들면 사람은 죽음을 초월할 수 없습니다. 또한 미래를

れば、その上にあるものとは神や仏、あるいは宇宙といった、**人知を超えた**存在であるということになります。

　人間は人間である以上、こうした**超越的な存在**に対しても「分」を持ちます。たとえば、人は死を超越できません。また、未来を見通すことや、過去を変えることもできません。

　そんな人間の限界を人間の「分」として捉えることが、人間としての知恵をもった人、すなわち「**徳」のある人**ということになります。

　「諦観」とは、そのまま訳せば「あきらめ」ということになりますが、実際は、何が人間の「分」であるかを心得ることを意味し、その**限界**を知ることを「諦観」と呼んでいるのです。

　従って、知恵ある人、「徳」のある人は、「諦観」を併せ持っているはずです。

　人が新たなことにチャレンジすることはよいことであるとしながらも、人の存在そのものの限界を理解することによって、より人にやさしく接するというのが「諦観」の持つ美学なのです。

　「礼」という価値を知ることによって、人の社会での知恵を抱き、「諦観」を抱くことによって、より大きな自然や宇宙、そして神や仏の存在に敬意を払うことが、「徳」を磨いた知恵者に求められる**究極の条件**であるといえるのです。

예측하는 일이나 과거를 바꾸는 일도 할 수 없습니다.

그런 인간의 한계를 인간의 **분수**라고 판단하는 이가 인간으로서의 지혜를 가진 사람, 즉 **덕이 있는 사람**이 됩니다.

[데이칸]은 그대로 번역하면 '체념'이 되지만, 실제로는 무엇이 인간의 **분수**인가를 납득하는 것을 의미하며 그 **한계**를 아는 것을 체관이라고 합니다.

따라서 지혜로운 사람, 덕이 있는 사람은 분명 **체관**을 겸비하고 있을 것입니다.

사람이 새로운 일에 도전하는 것을 좋은 일이라고 여기면서도 사람의 존재 그 자체의 한계를 이해함으로써 좀 더 남에게 다정하게 대하는 것이 **체관**의 미학입니다.

예라는 가치를 앎으로써 사람이 사회에서의 지혜를 얻고, **체관**을 느낌으로써 더욱 큰 자연과 우주, 그리고 신불의 존재에 경의를 표하는 것이 덕을 갈고닦는 지혜로운 사람에게 요구되는 **궁극적인 조건**이라고 할 수 있을 겁니다.

- *沈黙*

「沈黙」とは、敢えて、自らが成し遂げたことをアピールしたり、たとえ自らが間違って批判されても、自らの正当性を強調したりせず、**沈黙する**ことをよしとする美学です。

これは、自らの道を自力で切り開き、時には自分をしっかり守りながら自分の立場を高めてゆくことをよしとする西欧の人々にとって、最も理解しがたい価値観かもしれません。

自らの**業績**をアピールする行為は、自分の利益を優先し、「和」を保ち「恩」に報いる行為とは**対立し**ます。さらに自らの正当性をアピールする行為は、自分の利益を優先するための言い訳ととられ、**嫌われます**。

時には敢えて非難をも受け入れ、沈黙することによって、人々はむしろその人の正当性を感じ取り、その耐え忍ぶ心の強さに**共感してゆく**のです。

「沈黙」には強い意志が必要です。従って、すぐに自らの立場を主張し、自らの力量をアピールすることは、日本人が一番大切にする**我慢して**「道」を切り開くというストイックな行為にも反することになるわけです。

実際、日本人は欧米の人よりも寡黙であるといわれます。日本人を前にスピーチなどをした欧米の人は、この沈黙する行為に驚き、日本人が何も聞いていないとか、自分の提案が受け入れられなかっ

- 침묵

침묵이란 구태여 자신이 성취한 일을 드러내거나, 설령 자신이 잘못해서 비판 당해도 자신의 정당성을 강조하거나 하지 않고 **침묵하는** 것을 좋게 보는 미학입니다.

이것은 자신의 길을 자력으로 개척하고 때로는 자신을 굳게 지키면서 자신의 입장을 치켜세우는 것을 좋게 여기는 서양 사람들에게는 가장 이해하기 힘든 가치관일지 모릅니다.

자신의 **업적**을 드러내는 행위는 자신의 이익을 우선시하여 **조화**를 유지하며 은혜에 보답하는 행위와 **대립됩**니다. 더 나아가 자신의 정당성을 드러내는 행위는 자신의 이익을 우선시하기 위한 변명이라고 여겨 **싫어합니다**.

때로는 비난도 달게 받아들이고 침묵해야, 사람들은 오히려 그 사람의 정당성을 감지하고 그 참고 견디는 강한 마음에 **공감합니다**.

침묵에는 강한 의지가 필요합니다. 따라서 즉각 자신의 입장을 주장하고 자신의 역량을 드러내려는 것은 일본인이 가장 소중하게 여기는, **참으며 도**를 개척해가는 금욕주의적인 행위에 반하는 것입니다.

실제로 일본인은 서양 사람보다 과묵하다고 합니다. 일본인들 앞에서 연설한 서양 사람은 이 침묵의 행위에 놀라 일본인이 잘 듣지 않는다, 자신의 제안을 받아들이지 않는다는 식으로 오해하는 일도 있습니다.

たという風に誤解することがあるのです。

　こうした寡黙な日本人が期待するもの。それが封建時代から受け継がれてきた社会構造のなかにあって、雄弁に自らをアピールすることなく、ただ黙々と「忠義」を尽くしたり、仕事に励む者に、人々が抱く「情」や「恩」という概念なのです。

・ 潔い（いさぎよ）

　「謙虚」でない上に、「沈黙」を守れず、自らをアピールし続ける人のことを、日本人は「彼は潔くない」と批判します。

　「潔い」という言葉は、無実であることを示す「潔白」、あるいは清らかであることを示す「清潔」などの概念とも結びつきます。すなわち、「潔い」ことは、日本人が最も大切にする**精神的美学**といえるかもしれません。

　もし、事前に傷めたことによる筋肉痛で優勝を逃した陸上選手がいたとします。選手は筋肉痛さえなければ充分優勝ができる実力があったとしても、インタビューを受けたとき、その選手は筋肉痛を理由にして優勝できなかったとは、決して答えないはずです。むしろ、「まだまだこれが自分の実力なのです」と、言葉少なく語るはずです。

　そして、どことなくその選手がケガをしながら頑張ったことが周

이러한 과묵한 일본인이 기대하는 것, 그것은 봉건시대부터 계승되어온 사회구조 속에 있고 애써 자신을 드러내지 않고 그저 묵묵히 **충의**를 다하며 일에 힘쓰는 자에게 사람들이 품은 정이나 은혜라는 개념입니다.

- [이사기요이]

일본인은 **겸허**하지 않은 데다 **침묵**도 지키지 않고 자신을 계속 드러내려는 사람을 '졸렬하다'라고 비판합니다.

[이사기요이]란 말은 잘못이 없음을 나타내는 '결백', 또는 깨끗함을 나타내는 '청결' 등의 개념과도 연결됩니다. 즉, [이사기요이]는 일본인이 가장 중요하게 여기는 **정신적 미학**이라고 할 수 있을지 모릅니다.

만약, (시합) 이전에 부상을 입어 생긴 근육통으로 우승을 놓친 육상 선수가 있다고 합시다. 그 선수는 근육통만 아니면 충분히 우승할 수 있는 실력이었다고 하더라도 인터뷰에서는 근육통을 이유로 우승하지 못했다고 결코 대답하지 않을 것입니다. 오히려 '아직 이 정도가 제 실력인가 봅니다' 하고 말수를 줄여 언급할 것입니다.

그리고 그 선수가 부상을 입어가면서까지 열심히 한 것이 주위에 알려지면 사람들은 '그 사람은 떳떳하다'라고 감동하고, 그 선수의 **평가**가 높아집니다.

囲に伝わると、人々は「彼は潔い」と感動し、その選手の**評価**が高まるのです。

　伝統的に日本では「潔い」対応をする人物は「高潔なる人」と呼ばれてきました。寡黙で、強い精神力を持つ人物のことを、人はそのように呼ぶのです。こうした人物は、人の話を聞くときも、得てして静かに目を閉じています。または、じっと下を向いて相手の話に聞き入ることもあります。これらの行為は、真剣に「情」をもって相手に接するときにも多く見られる行為なのです。

　西欧では、目を閉じたり視線をそらす人は、何かを隠しているのではないかと疑われます。ここに、日本人と欧米の人とのコミュニケーション上での**大きな誤解が生まれる**のです。

전통적으로 일본에서는 '떳떳하게' 대응한 인물을 '고결한 사람'이라고 불러왔습니다. 사람들은 과묵하고 강한 정신력을 가진 인물을 그렇게 부릅니다. 그러한 인물은 남의 말을 들을 때도 흔히 지그시 눈을 감습니다. 또는 가만히 아래를 향해 상대의 말에 귀를 기울이는 경우도 있습니다. 이러한 행동은 진지하게 정으로 상대를 대할 때 많이 나타나는 행동이기도 합니다.

서구에서는 눈을 감거나 시선을 피하는 사람은 무언가를 숨기는 게 아닌가 의심 받습니다. 여기에 일본인과 서양인과의 의사소통에서 **큰 오해가 생기는** 것입니다.

13

・美
・わび
・さび
・艶（つや）
・雅（みやび）
・色
・粋
・妖
・幽玄
・風流

13

미

・美

　日本の美とはどのようなものでしょうか。

　日本の美を語る上で、際立った四季があることは重要です。日本は**温帯**に位置するため、春夏秋冬、それぞれの季節感が**際立って**います。季節ごとの風物や美術や工芸、さらには日本料理があり、その季節ならではの特長が活かされているのです。

　また、日本人は季節の移ろいに、仏教での「**無常**」を重ね、儚い人生をそこに投影させてきました。日本の古典文学では、このテーマが常に繰り返されています。

　こうした季節感は、日本人を**観念的**なものより、むしろビジュアル的な表現方法へと駆り立てます。

　近世の絵画を代表する浮世絵や、現代の漫画やアニメまで、その原点をたどれば、四季折々の風物をただ写生するのではなく、デフォルメして表現してきた伝統に到達します。

　たとえば秋という季節感をいかにして表現するかは、山野の風物をそのまま描くより、**紅葉**を幾葉か組み合わせ、美しい線で描いた方がより鮮明に人々に訴えかけます。

　こうしたデフォルメによるミニマリズムは、古くは禅寺の石庭に

ミニマリズムは、芸術の上で装飾を極力排して表現する考え方を示し、特に現代美術の中で追求された。

- 미

  일본의 미란 어떤 것일까요.

  일본의 아름다움을 언급하는 데 뚜렷한 사계절은 중요합니다. 일본은 **온대**에 자리 잡고 있기 때문에 춘하추동 저마다 계절감이 **뚜렷합니다**. 계절마다 풍물과 미술과 공예, 거기다 일본 요리가 있고, 그 계절만의 특장이 살아 있습니다.

  또한 일본인은 계절의 변화에 불교의 **무상**을 덧입혀 덧없는 인생을 투영시켜 왔습니다. 일본의 고전문학에서는 이 테마가 늘 반복되었습니다.

  이러한 계절감은 일본인을 **관념적**이기보다 오히려 시각적인 표현 방법으로 몰아갑니다.

  근세 회화를 대표하는 우키요에(에도 시대의 풍속화)나 현대의 만화와 애니메이션까지, 그 출발점을 더듬어가면 사계절의 그때그때 풍물을 단순히 그대로 그려내는 것이 아니라 데포르메(변형)를 거쳐 표현해온 전통에 도달합니다.

  예를 들면 가을이라는 계절감을 어떻게 해서 표현할 것인가는 산야의 풍물을 그대로 그리기보다 **단풍**을 몇 장의 잎으로 조화시켜 아름다운 선으로 그리는 것이 사람들에게 더 호소력 있게 전달됩니다.

미니멀리즘은 문예 분야에서 장식을 최대한 배척하고 표현하는 사고방식을 나타내며, 특히 현대미술에서 추구된다.

はじまり、線と色の組み合わせのみで表現する**浮世絵**や、文芸の世界では**短い語句**の中に自然や事物への思いを盛り込む俳句などにみられる、日本の芸術の特徴といえましょう。

- **わび**

色とりどりのきらびやかなものより、簡素で**ひなびた**ものの中に見いだす美しさを「わび」といいます。

15世紀、「わび」は茶道などと共に語られるようになった美学で、それは茶器や茶室など目に見えるものだけではなく、無駄を排除し、質素なライフスタイルの中にやすらぎを見いだそうとする禅の発想とも融合して、人々の間に広がりました。

たとえば、**宝石をちりばめた器**で美酒を飲むよりも、**素焼きのお椀**で清水を飲む方が、より味わいがあり、風雅であるというのが「わび」の考え方です。自然の中に自らをおいて、身の回りのものは最低限にし、季節の移ろいを肌で感じることに心の安らぎを得、同時に世の「無常」を思うことができるというのが「わび」の概念です。

「わび」は、日本人が最も大切にする精神世界でもあり、物欲による贅沢ではなく、**精神的な贅沢**を求める上での理想であるともいえるのです。

이러한 데포르메에 의한 미니멀리즘은 옛날에는 산사의 돌 정원에서 비롯하여 선과 색으로만 조화시켜 표현하는 **우키요에**나 문예의 세계에서는 **짧은 어구** 안에서 자연과 사물에 대한 생각을 담은 하이쿠(일본 특유의 5·7·5조의 짧은 시) 등에 보이는 일본 문예의 특징이라고 할 수 있을 겁니다.

- [와비]

형형색색의 화려한 것보다 간소하고 **소박한** 것에서 찾아내는 아름다움을 [와비]라고 합니다.

15세기에 [와비]는 다도 등과 함께 언급되던 미학으로, 이는 다기나 다실 등의 눈에 보이는 것뿐만 아니라 불필요한 것을 배제하고 소박한 생활 방식 속에서 편안함을 찾고자 하는 선의 발상과도 융합되어 사람들 사이에 퍼져 나갔습니다.

예를 들면 **보석을 박은 그릇**에 미주를 마시기보다 **질그릇**에 청수를 마시는 것이 더 맛이 나고 멋이 있다는 것이 [와비]의 사고방식입니다. 자연 속에 자신을 두고 신변을 최소한으로 줄여 계절의 변화를 피부로 느낌으로써 마음의 평온을 얻고 동시에 세상의 **무상**을 생각해보는 것이 [와비]의 개념입니다.

[와비]는 일본인이 가장 소중히 여기는 정신세계이기도 해서 물욕에 의한 사치가 아니라 **정신적인 사치**를 추구하는 데 이상적이라고

- さび

　「わび」と共に、時には対で語られるのが「さび」という概念です。「さび」とは、古くなり**劣化した**ものの中に見いだす美の世界です。

　たとえば、古い日本家屋の廊下などは、時とともに磨かれ風化して木目が見えてきます。そんな家に住めば、夜、雨戸がガタガタと鳴ることによって、冬の前触れである木枯らしを実感し、その音をじっくり味わいながら俳句をつくるといったことが、「さび」であり、「わび、さび」と一つにして語られる美学なのです。

　また、日本の**仏像**は塗料がはげ落ちても、そのままにされ、現れた古木の美しさの中で微笑む仏像に人々は祈りを捧げます。朽ちてゆくものへの美意識がなければ、造られた当時の彩色を施し、新しく生まれ変わった仏像を安置するはずです。

　実は、質素で古いものをうまく使いこなし、そこから茶道や華道といった様式美が生みだされたことからも理解できるように、「わび」や「さび」の世界はそれを「美」の世界へと高めた**洗練**なのです。

　日本庭園では、よく苔が使われます。

　石を配置するとき、**苔むした石**を置くことで、「さび」の世界を表現しようとするのです。枯山水という庭園では、あえて池を造らず、石と砂と樹木で自然を表現し、石庭では樹木すらおかずに石と砂のみで自然界を表します。

　それは簡素で古くなったもの、つまり「わび、さび」の概念で造ら

할 수 있을 겁니다.

- [사비]

  [와비]와 함께, 또는 쌍으로 언급되는 것이 [사비]라는 개념입니다. [사비]란 오래되어 **낡은** 것에서 발견하는 미의 세계입니다.

  예를 들면 오래된 일본 가옥의 복도 등은 시간과 함께 갈고닦이고 풍화해 나뭇결이 보입니다. 그런 집에 살아서 밤에 덧문이 덜컹덜컹 소리를 내면 겨울의 조짐인 늦가을 바람을 실감하고 그 소리를 천천히 음미하면서 하이쿠를 짓는다는데, 이런 일이 [사비]이고, [와비, 사비]와 같이 하나로 묶어 언급하는 미학입니다.

  또 일본의 **불상**은 도료가 벗겨져도 그대로 두어, 사람들은 밖으로 드러난 고목의 아름다움 안에서 미소 짓는 불상에 기원을 드립니다. 낡아가는 것에 대한 미의식이 없다면 만들어질 당시의 색채를 입혀 새롭게 다시 태어난 불상을 안치할 것입니다.

  사실, 검소하고 오래된 것을 잘 사용하여 거기에서 다도나 꽃꽂이와 같은 양식미가 생겨난 데서도 이해할 수 있듯이 [와비]와 [사비]의 세계는 그것을 미의 세계로 끌어올린 **세련**된 것입니다.

  일본 정원에서는 자주 이끼가 사용됩니다.

  돌의 자리를 잡을 때 **이끼가 낀 돌**을 배치함으로써 [사비]의 세계를 표현하려고 합니다. 가레산스라는 정원에서는 일부러 연못을 만

れるミニマリズムの世界なのです。

- 艶

「艶」とは、**洗練されていること**を示す言葉です。

「わび、さび」の概念からもわかるように、決して贅沢なものを着こなし、**きらびやかなもの**の中に身を置くことが洗練ではありません。歴史的にみるならば、「わび、さび」は都会人の**嗜み**でした。こうした一見贅沢に見えない**おしゃれな感覚**は、そのまま時代とともに受け継がれ、庶民の美意識の中にも浸透していったのです。

江戸時代に、都会ならではの遊女との享楽や色恋が浮世絵や当時の出版物で流布するようになると、おしゃれに遊ぶことが艶なことだとされ、**町人**の間で、様々なライフスタイルが流行します。

特に、当時の為政者が**質素倹約**を法制化したこともあり、贅沢には様々な規制が押し付けられました。そうした中で、表には現れない贅沢さ、そしておしゃれが追求されたのです。元来派手好きな町人は、敢えて目に見えないところや、ちょっとしたアクセントに気を配り、贅沢を追求したのです。

「艶」とは、「わび、さび」の概念を取り入れながらも、**派手好きな**町人の生命力が融合し、都会的な洗練へと進化した美意識であるといえましょう。

들지 않고 돌과 모래와 나무로 자연을 표현하고 돌 정원에는 나무도 두지 않고 돌과 모래만으로 자연계를 나타냅니다.

그것은 간소하고 오래된 것, 즉 [와비, 사비]의 개념으로 만들어진 미니멀리즘의 세계입니다.

- [쓰야]

[쓰야]란 **세련된 것**을 나타내는 말입니다.

[와비, 사비]의 개념에서 알 수 있듯이 결코 사치스럽게 차려입고, **화려함** 속에 있는 것이 세련된 것은 아닙니다. 역사적으로 보면 [와비, 사비]는 도시 사람들의 **취향**이었습니다. 이러한 일견 사치스럽게 보이는 **멋쟁이 감각**은 그대로 시대와 함께 계승되어 서민의 미의식 속에 침투해 들어갔습니다.

에도 시대에 도회지에서 유녀와의 향락이나 연애가 우키요에와 당시의 출판물에 유포되자 멋을 내며 노는 것이 세련된 것이라 여겨져 **도시 서민들** 사이에서 다양한 생활 방식이 유행했습니다.

특히 당시의 위정자가 **검소 절약**을 법제화하여 사치에 갖가지 규제가 가해졌습니다. 그런 가운데 겉으로는 드러내지 않는 사치와 멋을 추구했습니다. 원래 화려함을 즐기던 도시인들은 눈에 잘 띄지 않는 곳이나 약간의 악센트에 신경을 써서 사치를 추구했습니다.

[쓰야]란 [와비, 사비]의 개념을 받아들이면서도 **화려함을 좋아**하

江戸時代、艶のある人といえば、セクシーでおしゃれな人という意味で、庶民のあこがれとなっていたのです。

- ### 雅（みやび）

京都は長い間日本の首都として、**宮廷**がおかれていました。

その千年の歴史の中で培われてきた宮廷文化が醸し出す、**優雅で洗練された雰囲気**を「雅」といいます。

宮廷やそこに生きる**貴族**によって守られてきた「雅」な文化は、浮世絵などに代表される町人文化が醸し出す「艶」と**対照的な**美意識です。

15世紀後半から16世紀にかけて、日本は戦国時代となり、当時京都にあった**幕府**が衰退し、日本全国で**大名**という有力者が覇権を競い戦い合っていました。大名は自らの領国を豊かにするために、進んで京都の文化を**取り入れ**ます。その過程の中で「雅」が全国に広**がっていった**のです。

17世紀に、江戸(現在の東京)が日本の行政の中心になった後も、朝廷は京都にありました。江戸や大阪は当時の経済の中心として、躍動的な**町人文化**が栄え、それに押されるように京都の文化は衰退してゆきました。

しかし、「雅」という美意識はその後も受け継がれ、今では古都京都の美しさそのものを指すようにもなったのです。

는 도시 서민의 생명력이 융합되어 도시적인 세련미를 갖춰 진화한 미의식이라고 할 수 있을 겁니다.

에도 시대에 세련된 사람이라고 하면 섹시하고 멋쟁이인 사람이라는 의미로 서민에게 동경의 대상이었습니다.

• [미야비]

교토는 오랜 세월 일본의 수도로 **궁정**이 있었습니다.

그 천 년의 역사 속에 배양된 궁정 문화가 만들어낸 **우아하고 고상한** 분위기를 [미야비]라고 합니다.

궁정과 궁정에 사는 **귀족**에 의해 지켜져온 [미야비] 문화는 우키요에 등으로 대표되는 도시 서민 문화가 만들어낸 [쓰야]와 **대조적**인 미의식입니다.

15세기 후반에서 16세기에 걸쳐 일본은 전국시대였고 당시 교토에 있었던 **막부**가 쇠퇴하여 일본 전국에서 **다이묘**(영주)라는 유력자가 서로 패권을 차지하고자 다투었습니다. 다이묘는 자신의 영지를 윤택하게 하기 위해 적극적으로 교토의 문화를 **받아들입**니다. 그 과정 속에서 [미야비]가 전국으로 **퍼져 나갔던** 것입니다.

17세기에 에도(지금의 도쿄)가 일본의 행정 중심지가 된 후에도 조정은 교토에 있었습니다. 에도와 오사카는 당시 경제 중심지로서 약동적인 **도시 서민 문화**가 번영하여 거기에 억눌려 교토 문화는 쇠

そして、戦国時代以来、各地に広がった**染物**や**陶磁器**などの**工芸**に代表される京都の文化は、今なおそれぞれの地域で保存され、多くの人が地方に根付いた「雅」の伝統を守っているのです。

▪ 色

儒教道徳の影響を強く受けた武士を除けば、日本人は一般的に性に対して**開放的**でした。「色」とは、絵の具の色という意味の他に、恋や性を示す言葉として、今なお使われています。

色恋沙汰といえばセックススキャンダルのことですが、江戸時代も、庶民は色恋沙汰が大好きで、それが当時の歌舞伎や文楽といった芸能の**題材**になり、浮世絵でも取り上げられました。

当時の幕府は、そうしたテーマを扱うことを**規制**しますが、人々はその**網の目**をかいくぐって逞しく創作活動を続けたのです。

「色」は「艶」にも通じ、都会人のお洒落なライススタイルとして支持された概念です。

たとえば、春画と呼ばれる浮世絵があります。これは、江戸時代のポルノといってもよく、男女の交わりの様子が克明に描かれたもので、今では貴重な絵画として日本のみならず、世界で高価な**値段**が**つけられて**います。

江戸時代、庶民は**奔放に**「色」の世界を楽しんでいたのでしょう。

퇴해갔습니다.

그러나 [미야비]라는 미의식은 그 후에도 계승되어 지금은 고도 교토의 아름다움 그 자체를 가리키게 되었습니다.

그리고 전국시대 이래 각지에 퍼진 **염색**과 **도자기** 등의 **공예**로 대표되는 교토 문화는 지금도 각 지역에 보존되어 많은 사람이 지방에 뿌리내린 [미야비]의 전통을 지키고 있습니다.

- [이로]

유교 도덕의 영향을 강하게 받은 무사를 제외하면 일본인은 일반적으로 성에 대해 **개방적**이었습니다. [이로]는 그림 물감의 색 이외에, 사랑과 성을 나타내는 말로 지금도 쓰이고 있습니다.

연애 사건이라면 섹스 스캔들을 말하는데, 에도 시대에도 서민들은 섹스 스캔들을 좋아해서 그것이 당시의 가부키(일본의 전통 연극 중 하나)나 분라쿠(일본의 전통 인형극)와 같은 예능의 **제재**가 되고 우키요에에서도 다루어졌습니다.

당시 막부는 그러한 테마를 다루지 못하도록 **규제**했으나 사람들은 그 **감시의 망**을 빠져나가 왕성하게 창작 활동을 이어갔습니다.

[이로]는 [쓰야]와도 통하며, 도회지 사람의 멋진 생활 방식이 만들어낸 개념입니다.

예를 들면 춘화라고 불리는 우키요에가 있습니다. 이것은 에도

そして今でも、日本を訪れた外国の人は、日本の開けっぴろげ**な風俗産業の隆盛**ぶりにびっくりするそうです。

実際、性に対するタブーの多いキリスト教やイスラム教の影響の少ない日本では、「色」という概念はそのまま人々に受け入れられ、性のテーマは漫画などでも頻繁に**取り上げられて**います。

「色」は、日本人の美意識の一部として認知されているのです。

- ### 粋

「粋」とは、「色」や「艶」の世界を心得えて、人生を生きる人を表す言葉です。

これはある意味で、江戸時代にあった都会的なダンディズムといえましょう。また、気の利いた**気配り**や、**為政者**の庶民の気持ちを理解した判断なども「粋」という言葉で表現されます。

たとえば、母親の病気の薬を買うお金ほしさに盗賊の盗みの手伝いをした者がいたとして、江戸時代に司法長官であった町奉行がその者の罪を許して仕事を与えたとします。庶民はそれを「粋」なはからいといって**喝采する**のです。

「粋」とは、小さなことでありながら、センスがよくアクセントの利いたことを示します。この事例の場合、町奉行が法制度を変革しようとすることは職務であって「粋」なことではありません。この各

시대의 포르노라고 해도 될 만큼 남녀의 성교 모습이 극명하게 그려져 있는데 지금은 귀중한 회화로서 일본뿐 아니라 세계적으로 비싼 **가격이 매겨져** 있습니다.

에도 시대에 서민은 **자유분방하게** [이로]의 세계를 즐겼던 겁니다.

그리고 지금도 일본을 방문하는 외국인은 일본의 개방적인 **성 문화 산업**의 **융성**한 모습에 놀란다고 합니다.

실제로 성에 대한 터부가 많은 크리스트교와 이슬람교의 영향이 적은 일본에서 [이로]라는 개념은 그대로 사람들에게 수용되어 성의 테마는 만화 등에서도 빈번하게 **다루어지고** 있습니다.

[이로]는 일본인의 미의식의 일부로 인지되고 있는 겁니다.

- [이키]

[이키]란 [이로]나 [쓰야]의 세계를 이해하며 인생을 사는 사람을 나타내는 말입니다.

이것은 어떤 의미에서 에도 시대에 있었던 도회적인 댄디즘이라고도 할 수 있을 겁니다. 또 재치 있는 **배려**나 **위정자**가 서민의 기분을 헤아려 내린 판단도 [이키]라고 표현합니다.

예를 들어, 모친의 병을 고치고자 약을 살 돈이 필요해 도둑질을 도운 자에게 에도 시대의 사법재판장인 지방장관은 그 자의 죄를 용서하고 일을 시키기로 했습니다. 서민들은 그것을 멋진 처분이라며

論でのかわいそうな犯人を救った小さな判断が「粋」なのです。

　同じように、たとえば部屋の中の小さな花瓶に椿をひと折り入れておいたとしましょう。それは大きな花の飾り付けではありませんが、訪れる人にちょっとした安らぎと**季節感を与え**ます。それが粋なアレンジなのです。

　粋なことは決して**雄弁**であってはなりません。それはささやかで、目にはつくものの、普段なら気づかないようなことにちょっとした工夫や心遣いが施されているものが「粋」なのです。

▪ 妖

　「妖」とはこの世に存在しないような不気味な美しさを**示す**言葉です。たとえば、「妖艶」といえば、人を誘惑する女性の悪魔的な美しさを指します。

　日本の「美」を語るとき、そこに「死」のテーマが見え隠れすることが多々あります。もともと、武士道などで美しく死ぬことが**美徳**とされていたこともありますが、それに加えて仏教での来世観が、人の魂が不滅で、**この世に執着のある魂**は、その人の死後もこの世をさまようものとされたことが、文学や能などの伝統芸能などで死者の霊魂が頻繁に取り扱われた理由となります。

　「**もののあはれ**」の項(第九章)で、日本人は桜が美しく咲き、あっと

갈채를 보낸 것입니다.

[이키]란 작지만 센스가 있고 악센트가 되는 것을 나타냅니다. 이 사례의 경우, 지방장관이 법 제도를 변혁하려는 것은 직무이지만 멋진 행위에 해당하지는 않습니다. 이 각론에서 가엾은 범인을 구해준 사사로운 판결이 [이키]에 해당합니다.

마찬가지로, 이를테면 방 안에 있는 작은 꽃병에 **동백** 한 줄기를 꽂아두었다고 합시다. 그것은 큰 꽃 장식은 아니지만 방문하는 사람에게 작은 평온함과 **계절감을 안겨**줍니다. 그것이 멋진 장식입니다.

멋진 것은 결코 **강해서는** 안 됩니다. [이키]는 사소하고, 눈에는 띄지만 평소에는 신경 쓰지 않는 듯한 곳에 약간의 지혜와 배려를 가한 것입니다.

· [요]

[요]란 이 세상에 존재하지 않는 섬뜩한 아름다움을 **나타내는** 말입니다. 예를 들어 '요염'이라고 하면 사람을 유혹하는 여성의 악마적인 아름다움을 가리킵니다.

일본의 미를 언급할 때 거기에는 '죽음'이라는 테마가 보일 듯 말 듯 담겨 있는 경우가 많습니다. 원래 무사도 등에서 아름답게 죽는 것이 **미덕**으로 여겨졌던 일도 있는 데다, 거기에 덧붙여 불교의 내세관에 의하면 사람의 혼은 불멸이며, **이 세상에 집착이 남아 있는 혼**이

いう間に散ってゆくことにその美しさをみると説明しました。そこには**潔く死ぬこと**の美学がメタファーとして隠されています。

　そうした「死」の陰に、人を惹きつける霊的な美しさが漂うものが、「妖」という言葉で表現される世界なのです。

　「妖」は「妖怪」の「妖」でもあります。妖怪とは西欧風にいえば悪魔のようなものですが、人の死後、その強い霊魂が怨霊となり、自然界のさまざまなものに化けてみたり、元々民間信仰の中で霊能があると信じられていた狐などの動物が奇妙な姿に化けて現れたりするものが「妖怪」です。

　「妖」とはこのような超自然的で**不気味な**ものを表現する言葉でもあるのです。

- ## 幽玄

　「わび」や「さび」の概念で、飾り気の無い素朴なものや、古く朽ちたものをじっと鑑賞していると、そこに時を越えた不思議な**奥深さ**を感じることがあります。その情緒を人々は「幽玄」と呼んでいるのです。

　また、日のかげりや夕暮れ時に漂う**不安定な**闇など、自然界の微妙な移ろいの向こうに感じる宇宙の**深淵**にもつながる静寂も「幽玄」の意味するところです。

그 사람의 사후에도 이 세상을 떠돈다는 이야기가 문학이나 노(일본의 전통 가면극) 등의 전통 예능에서 빈번하게 다루어지는 이유가 되기도 합니다.

애상의 항목(제9장)에서 일본인은 벚꽃이 아름답게 피었다가 눈 깜짝할 사이에 떨어지는 현상에서 그 아름다움을 본다고 설명했습니다. 거기에는 **깨끗하게 죽는 일**의 미학이 은유적으로 감춰져 있습니다.

그러한 '죽음'의 배후에 사람을 사로잡는 영적인 아름다움이 떠돌아다니는 것이 [요]라는 말로 표현되는 세계입니다.

[요]는 '요괴(妖怪)'의 '요(妖)'이기도 합니다. 요괴란 서양풍으로 말하면 악마와 같은 존재이지만, 사람이 죽은 후 그 강한 영혼이 원령이 되어 자연계의 온갖 형태로 둔갑하기도 하고, 원래 민간신앙에서 영적인 능력이 있다고 믿었던 여우 같은 동물이 기묘한 형태로 둔갑하여 나타나는 것이기도 합니다.

[요]란 이렇게 초자연적인 **왠지 기분 나쁜** 것을 표현하는 말이기도 합니다.

▪ [유겐]

[와비]나 [사비]의 개념에서 꾸밈없이 소박한 것이나 낡아 썩어가는 것을 물끄러미 감상하고 있으면 거기에서 시간을 넘어선 불가사

深遠なる静寂はまた「妖」なる世界でもあります。というのも、「わび」や「さび」は、永遠の時の流れの中で風化し、朽ちてゆくものへの愛着を語る言葉であり、それは「無常」の概念に従って、死にゆくことへの美学にもつながっているからです。

中世以降日本人に親しまれてきた伝統芸能である能は、まさにこうした美しさを追求した舞踏劇で、その多くに死者の霊魂が語る場面がもうけられています。

「幽玄」とは、日本人の抱く美意識の中でも、最も伝統的で**洗練された**美しさへの価値観であるといえましょう。

- **風流**

月見というイベントがあります。中秋の名月とは、澄んでひんやりとした秋の空気の中にみる満月の美しさを指す言葉で、そんな月を**愛でる**ことを月見というのです。こうした伝統的な**美意識を体験すること**を、日本人は「風流」と表現します。

この章に記した日本人の美意識をもって物事を鑑賞し、それを楽しむことが「風流」なことで、そうした行為を日本人は洗練されたものと感じるのです。

「風流」を体得し、それを**実践できる**人は「風流人」と呼ばれ、文化人として尊敬を集めます。

의한 **깊이**를 느끼는 일이 있습니다. 그 정서를 사람들은 [유겐]이라고 부릅니다.

또 그늘이나 해질 무렵에 떠도는 **불안한** 어둠 등 자연계의 미묘한 변화 저편에서 느껴지는, 우주의 **심연**과 이어지는 정적도 [유겐]이 의미하는 바입니다.

심원한 정적은 또 [요]의 세계에도 있습니다. 이유인즉슨, [와비]나 [사비]는 영원이라는 시간의 흐름 속에 풍화하여 썩어가는 것에 대한 애착을 언급하는 말이고 그것은 **무상**의 개념에 따라 죽어가는 것에 대한 미학과도 이어져 있기 때문입니다.

중세 이후 일본인에게 친숙해진 전통 예능인 노는 그야말로 이러한 아름다움을 추구하는 무도극으로, 그 대부분이 죽은 이의 영혼이 이야기하는 장면으로 구성되어 있습니다.

[유겐]이란, 일본인이 간직한 미의식 중에서도 가장 전통적이고 **세련된** 아름다움에 대한 가치관이라고 할 수 있을 겁니다.

• 풍류

달구경이라는 행사가 있습니다. 중추명월이란 맑고 차가운 가을 공기 속에서 보는 만월의 아름다움을 가리키는 말로, 그런 달을 **음미하는** 것을 달구경이라고 합니다. 일본인은 이러한 전통적인 **미의식을 체험하는 일**을 풍류라고 표현합니다.

「風流」とは風の流れと書きますが、その表記の通り、風が流れるように**さりげなく**、心地よく日本の伝統美を表現できる人こそが「風流人」であるといえるのです。

　そうした意味では「風流」は「粋」にも通じる概念で、それは日本人が**あこがれる**感性であり、ライフスタイルです。

　もちろん、風流な人は美意識が洗練されているだけでなく、「徳」がある教養人となります。すなわち、日本人がよしとする価値観を体得し、それを美的なセンスをもって優雅に表現できる人が「風流」な人なのです。

제13장에 적은 일본인의 미의식으로 사물을 감상하고 그것을 즐기는 것이 **풍류**이며, 일본인은 그러한 행위를 세련된 것이라고 느낍니다.

풍류를 체득하고 그것을 **실천할 수 있는** 사람은 '풍류인'이라고 불리며, 문화인으로서 존경 받습니다.

풍류란 바람의 흐름이라고 쓰는데, 그 표기대로 바람이 흐르듯 **아무렇지도 않게** 기분 좋게 일본의 전통미를 표현할 수 있는 사람이어야 '풍류인'이라고 할 수 있습니다.

그런 의미에서는 **풍류**는 [이키]와도 통하는 개념이고 그것은 일본인이 **동경하는** 감성이며 생활 방식입니다.

물론 풍류가 있는 사람은 미의식이 세련될 뿐 아니라 덕이 있는 교양인입니다. 즉, 일본인이 좋게 여기는 가치관을 체득하고 그것을 미적 센스로 우아하게 표현할 수 있는 사람이 **풍류**가 있는 사람입니다.

著者 山久瀬洋二

1955年大分県生まれ。日本の大手出版社のニューヨーク駐在員を経て独立。同地にメディアエージェントおよびコンサルティングファームを設立。以降アメリカの異文化ビジネスに関するコンサルティングファームであるクラーク・コンサルティング・グループなどのシニアコンサルタントとして注目を浴びる。日本や欧米の100社近くに及ぶグローバル企業での人事管理、人材開発を中心としたコンサルティング活動を展開。特に異文化環境でのプロジェクト進行などをテーマにした様々なジョイントプロジェクトの立ち上げに関わる。

韓国語訳者 バク・ヤンスン

東京都立大学大学院で国文学(日本語教育)を専攻し、博士号を取得。ソウルの淑明女子大学・中央大学で日本語を教え、現在は蔚山科学大学助教授。『高校生のための評論文キーワード100』(2005)、『ソフトバンク「常識外」成功法則』(2008)、『「いい人だけどグズ」を直したい人が読む本』(2008)、『思考の用語辞典』(2009)、『日本語と日本思想』(2010)、『そのとき日本が創られた』(2013)などの韓国語版を翻訳した。

지은이 **야마쿠세 요지**

1955년 오이타 현에서 태어났다. 일본 유력 출판사의 뉴욕 주재원을 거쳐 독립했고 뉴욕에서 미디어 에이전트 및 컨설팅 팜을 설립했다. 이후 미국의 다문화 비즈니스에 관한 컨설팅 팜인 클라크 컨설팅 그룹 등의 시니어 컨설턴트로서 주목을 받았다. 일본과 서구에서 100여 개의 글로벌 기업 인사관리, 인재 개발을 중심으로 한 컨설팅 활동을 전개했으며, 특히 다문화 환경에서 프로젝트 진행 등을 테마로 한 다양한 조인트 프로젝트에 참가했다.

옮긴이 **박양순**

일본 도쿄도립대학에서 일본어학 전공으로 석사·박사학위를 취득했다. 숙명여자대학교와 중앙대학교에서 일본어 관련 강의를 했고 현재 울산과학대학교에 재직 중이다. 옮긴 책에는 『논술 시험에 꼭 나오는 키워드 100』(2005), 『감자도리의 일본어일기』(2008), 『손정의 성공법』(2008), 『실천하는 행동력』(2008), 『사고의 용어사전』(2009), 『일본어와 일본사상』(2010), 『그때 일본이 만들어졌다』(2013) 등이 있다.

일본인의 정신

ⓒ 야마쿠세 요지, 2014
ⓒ 박양순, 2014

지은이 | 야마쿠세 요지
옮긴이 | 박양순
펴낸이 | 김종수
펴낸곳 | 도서출판 한울
편집 | 배유진

초판 1쇄 인쇄 | 2014년 3월 10일
초판 1쇄 발행 | 2014년 3월 24일

주소 | 413-756 경기 파주시 광인사길 153 한울시소빌딩 3층
전화 | 031-955-0655
팩스 | 031-955-0656
홈페이지 | www.hanulbooks.co.kr
등록번호 | 제406-2003-000051호

Printed in Korea
ISBN 978-89-460-4812-6 03300
ISBN 978-89-460-4828-7 03300

* 책값은 겉표지에 표시되어 있습니다.